Petra Klapps

Das Kolibri-Prinzip

Petra Klapps

Das Kolibri-Prinzip

Leicht und spielerisch Ressourcen stärken

KREUZ

MIX
Papier aus verantwortungsvollen Quellen
FSC® C106847

www.kreuz-verlag.de

Umschlaggestaltung: [rincón]² medien gmbh, Köln
Umschlagfoto: © shutterstock – Kelly Nelson
Autorenfoto: © Betsy Eysel

Satz: de te pe, Aalen
Herstellung: fgb freiburger graphische betriebe
www.fgb.de

Printed in Germany

ISBN 978-3-451-61081-3

Inhalt

Einleitende Worte 7

1. Der Gegenteiler stellt sich Ihnen vor und weiht Sie ein 11

2. Wie der Gegenteiler Ihre Wahrnehmung schärft 22

3. Wie der Gegenteiler Ihre Talente und Fähigkeiten mobilisiert und Ihr Selbstvertrauen stärkt 34

4. Wie der Gegenteiler Ihren Humor fördert und belebt 51

5. Wie der Gegenteiler Ihre Kreativität, Ihre Spielfreude und Ihre Leichtigkeit fördert und lebendig werden lässt 61

6. Wie der Gegenteiler Probleme in Chancen verwandelt und Ihren Mut zu ungewöhnlichen Lösungen fördert 75

7. Wie Sie mit dem Gegenteiler Atem schöpfen und entspannt Ihre Stimme samt Stimmung verbessern 90

8. Wie der Gegenteiler Ihnen die Sprache Ihres Körpers bewusst macht 115

9. Wie der Gegenteiler Sie in wertschätzender Kommunikation unterstützt 129

10. Wie der Gegenteiler Sie das Staunen und Wundern lehrt 140

11. Wie der Gegenteiler Ihnen Ihren Weg zeigt 147

12. Wie der Gegenteiler Nervosität und Lampenfieber positiv verwandelt und zu Ihrem Freund macht 160

Abschließende Worte 175

Wegweiser zu den Übungen 177

Einleitende Worte

Dieses Buch ist Ihnen, liebe Leserin und lieber Leser, Ihrer Einzigartigkeit und all Ihren Talenten gewidmet. Und es dient auch meiner Ehrbezeugung an den *Gegenteiler*, den ganzheitlichen Clown und Stellvertreter des verspielten, heiteren Kindes in jedem von uns.

Schon von klein auf, solange ich mich zurückerinnern kann, hat mich der Clown mit seinem Humor und seiner Spielfreude fasziniert. Doch war es nie der dumme August, der mich interessierte. Dieser etwas dümmliche, tollpatschige Stolperer und Scheiterer, den man aus dem Zirkus kennt und dem man einen Weißclown als Verkörperung der Vernunft an die Seite stellen musste, tat mir immer leid, und er war mir auch zugegebenermaßen etwas peinlich. Dagegen war es der tiefsinnige Beobachter und Philosoph, der mich begeisterte. Der, der mit großer Freude aus seinem Herzen spielt und in die Herzen der anderen schauen kann und dort all die wunderbaren Perlen entdeckt, die in jedem von uns stecken. Mit Sicherheit kann ich von mir behaupten, dass ich schon immer ein solcher Clown war, dem es von jeher große Freude bereitet, anderen Menschen ein Lächeln in die Herzen und Augen zu zaubern und sie humorvoll in ihre Ressourcen zu bringen.

So faszinierten mich in meiner Ausbildung zur Pantomime bei Marcel Marceau das stille Staunen und der nonverbale Ausdruck sowie die Freude am Ausdruck menschlichen Verhaltens mit all dem Potenzial zur Veränderung. In meiner Ausbildung zum Clown bei Le Coq vertiefte sich diese Lust am Spiel aus der Wertschätzung zu mir selbst und meinem

Gegenüber heraus. Es reizte und begeisterte mich sehr, mit diesem respektvollen Spiel all die wunderbaren, kreativen Schätze in mir und auch im anderen (wieder-)erwecken zu können.

Während dieser Ausbildungen und auch in der Beschäftigung mit der Geschichte der Clowns entdeckte ich für mich den Gegenteiler:

> Der Gegenteiler ist die ursprüngliche und ganzheitliche Figur des Clowns, der Heiler, Spaßmacher, weiser Wegbegleiter und Philosoph ist in einer Person. Er ist derjenige, der liebevoll und stets voller Respekt und Wertschätzung seinem Gegenüber den Spiegel vorhält und Tabus antastet. Dabei macht er sich niemals über andere lustig, das ist oberstes Gebot. Mit seinem Krafttier, dem Kolibri, verbindet ihn die feine Wahrnehmung alles Schönen, die grundsätzlich positive Sicht auf die Welt, die spielerische Leichtigkeit und eine unbändige Lebensfreude.

Auch in meiner späteren Tätigkeit als Ärztin lag mein Schwerpunkt immer darin, mit meinem Humor an die Ressourcen meiner Patienten zu rühren, besonders in der Arbeit als Neurologin mit chronisch Kranken und mit HIV-positiven und an AIDS erkrankten Menschen. Gerade wenn das Wissen um die Begrenztheit des Lebens so klar vor Augen steht, ist es so wichtig, den Blick freudvoll auf das Leben mit all seinen Wundern und Träumen zu richten, die es noch zu erleben gilt. Ganz besonders hier hat der Clown als Gegenteiler seinen besonderen Platz.

Heute, als Kommunikationstrainerin, Coach, Therapeutin und auch als therapeutischer Clown für erwachsene Menschen in Kliniken und Altenheimen entdecke ich immer wieder, wie wichtig die lebensfrohe, wertschätzende und humorvolle Sichtweise des *Gegenteilers* ist. Er kann andere Menschen lehren, auf all das zu schauen, was gerade positiv und schön ist, statt auf all die Defizite zu blicken, die vermeintlich vorhanden sind.

So möchte ich auch Ihnen, zusammen mit dem Erfahrungsschatz all meiner Ausbildungen und Berufserfahrung, die Besonderheit des *Gegenteilers* nahebringen und mit Hilfe von Übungen zeigen, wie Sie Ihren Alltag bunter und reicher gestalten können. Ich lade Sie herzlich ein, sich mit mir zusammen auf die Spur des *Gegenteilers* zu begeben und frohgemut all das auszuprobieren, was der *Gegenteiler* Ihnen zeigen möchte. In allen Kapiteln finden sich kurze einführende Erläuterungen sowie viele Übungen aus der Praxis. Für einen Überblick bzw. die gezielte Suche nach einer Übung steht der Wegweiser am Ende des Buches zur Verfügung.

Ich wünsche Ihnen viel Freude, Vergnügen und Leichtigkeit beim Lesen und praktischen Erproben.

1. Der Gegenteiler stellt sich Ihnen vor und weiht Sie ein

Der Kolibri als Prinzip für den Gegenteiler

Als ich zu Beginn meiner Selbstständigkeit auf der Suche war nach einem geeigneten Namen und einer guten Metapher für mich als Bühnenkünstlerin, für meine bunte, vielgestaltige Arbeit und für mein Institut, kam mir immer wieder das Bild von einem Kolibri in den Sinn.

Der Kolibri ist der geflügelte Bote der Lebendigkeit, der mit seiner quirligen Vitalität jeden kostbaren Augenblick seines umherschwirrenden Lebens froh bejaht. Er ist für mich der Inbegriff der Lebensfülle und der positiven Einstellung zum Dasein. Er ist ein Meister der Wahrnehmung all der prachtvollen Schönheit eines jeden Momentes. Sein Ziel ist das Auskosten all der vielfältigen Möglichkeiten, die ihn aktuell umgeben. Allein schon sein farbenfroher Anblick und seine energiegeladene Ausstrahlung machen den Kolibri für mich zum Botschafter für Lebensfreude, Humor und Lachen.

Der Kolibri als Symbol des bunten Vogels ist auch für mich eine wunderbare Symbolfigur für den Clown als Gegenteiler. Beide, Kolibri und Gegenteiler, stehen für Lebendigkeit, Gesundheit und Vitalität, für Flexibilität und Kreativität, für Mut und Veränderungsbereitschaft. Somit habe ich den Kolibri zum Kraft- und Herzenstier meines Gegenteilers ernannt.

Beide vereinen in sich all die positiven Werte wie Liebe, Freiheit, Freude, Leichtigkeit, Glück, Anmut und Würde. Und so ist für mich der Kolibri-Gegenteiler entstanden, im folgenden Text immer nur schlicht Gegenteiler genannt.

Der Gegenteiler

Der Gegenteiler ist die historische Bezeichnung für den Mimen, den Narren, den Clown, den Improvisationskünstler. Er steht für konträres Handeln und reagiert oftmals genau gegenteilig zu dem, was andere erwarten. Er ist eine ganzheitliche Figur mit vielfältigen Funktionen. Im ursprünglichen Sinne ist er Philosoph, weiser Wegbegleiter, Heiler und Spaßmacher in einer Person.

Er ist der Stellvertreter für das heitere, intakte und stets neugierige innere Kind, das in jedem von uns steckt und das voller Lebensfreude staunen und sich immer wieder wundern kann über das Alltägliche.

Der Gegenteiler ist die Verkörperung von Beweglichkeit und Kreativität. Respektvoll lenkt er den Blick ganz gezielt auf all das bereits vorhandene Positive und all die neuen Möglichkeiten, Wege und Strategien. Ungewöhnliche Lösungen entwickeln sich mit seiner Hilfe fast von allein und können spielerisch und mit Leichtigkeit umgesetzt werden. Niemals macht er sich dabei über andere lustig, sondern lehrt humorvoll, über Grenzen zu gehen und Neues zu wagen.

In jedem Menschen steckt eine kleine Pippi Langstrumpf, ein kleiner Huckleberry Finn, und genau das reizt den Gegenteiler: sie oder ihn wieder hervorzulocken.

Der Gegenteiler sucht immerzu nach der Ideallösung. Da,

wo es nicht weitergeht, ändert er einfach den Blickwinkel oder die Blickrichtung, zum Beispiel indem er ein Auge zukneift oder unter einem Arm oder durch seine Beine durchschaut. Und schon ergibt sich eine neue Perspektive, und es hat sich alles zum Besseren oder anderen gewandelt. Negative Gedanken liebt er nicht, er liebt es, sie sogleich positiv umzumünzen. Wenn ihm beispielsweise etwas misslingt, so sagt er nicht: »Ach, so ein Mist, dann lass ich es gleich sein«. Stattdessen betrachtet er sich die Angelegenheit und stellt erstaunt fest: »Aha, also so klappt es schon mal nicht!« Und sofort startet er einen neuen Versuch. Sowieso ist ein Problem für den Gegenteiler etwas Positives, steckt doch das Wörtchen »pro« darin. Wäre es etwas Negatives, hieße es ja »Kontrablem«. Bei Schwierigkeiten hält er es wie Marc Twain, der einst schrieb: »Probleme sind Chancen in Arbeitskleidung«. Und schon tun sich Lösungen auf.

Und da er es liebt, zu übertreiben, macht er sogleich eine riesengroße Angelegenheit daraus. Und diese muss natürlich zu einhundert Prozent übertrieben sein, denn über achtzig Prozent kann er nur lachen, denn das, was er tut, das tut er ganz und vollkommen unvollkommen. Aus Maulwurfshügeln macht er Elefantenberge. Simple Tatsachen werden maßlos aufgebläht und ironisiert. Nur so, nämlich ganzheitlich und zu einhundert Prozent, lässt sich Emotion in »Motion« verwandeln, wird inneres Bewegtsein zu körperlicher Bewegung und somit zu Veränderung von Emotion. Situationen erscheinen klarer und abstrakter, es finden sich leichter Lösungen.

Der Gegenteiler ist immerzu auf jede Eventualität eingestellt und reagiert auf sie spontan und intuitiv. Er lebt immer im Augenblick, im absoluten Jetzt und akzeptiert die Dinge so, wie sie sind. Er schätzt das Gestern und weiß, dass es vorüber ist, und er freut sich auf das Morgen, doch gelebt wird mit aller Leidenschaft im Jetzt. Dabei ist er sich stets dessen bewusst, wie wenig es braucht, um glücklich zu sein.

Er liebt völlig unvoreingenommen – sich selbst, das Leben, die Menschen, Tiere und Pflanzen und die ganze Welt. Und er sagt uneingeschränkt und vollmundig zu all dem: »Ja!«

Durch sein Ab- und Beiseiterücken von Sorgen und Nöten schafft er Raum für neue Perspektiven und lässt so all die Chancen auf ein Leben voller Freude, Spiel und Leichtigkeit erkennbar werden. Das ist seine Vision von Glück.

Ganz besonders im heutigen, schnelllebigen Zeitalter der elektronischen Medien wie Internet und Mobiltelefon, wo Menschen zunehmend mehr die direkte und persönliche Kommunikation von Mensch zu Mensch vermeiden und die Kontaktarmut zunimmt, bekommt der Gegenteiler wieder eine geradezu bedeutsame Wichtigkeit.

Ich lade Sie hiermit herzlich ein, mit mir zusammen den Gegenteiler in Ihnen zu erwecken und lebendig werden zu lassen. Machen Sie sich mit mir zusammen auf die Reise zu neuen Entdeckungen.

Jetzt geht es los: die »Einweihung« in das Gegenteiler-Geheimnis

Starten Sie mit dem Gegenteiler in Ihren All-Tag

Für mich gibt es zwei ganz wichtige Rituale, die mich ins Hier und Jetzt und in eine gute Präsenz bringen. Diese Übungen sind wunderbar dazu geeignet, sich auf den Alltag, aber auch auf Situationen vorzubereiten, die eine besondere

Aufmerksamkeit und Bodenständigkeit erfordern. Ich nenne sie »Bühnensituationen«, Momente, die mit Aufregung, Lampenfieber und Nervosität verbunden sind. Und in der Tat helfen sie auch bei der Vorbereitung zum Gang auf die reale Bühne.

Einfach mal den Kopf ausschalten

Unser Gehirn ist ein außerordentlich nützliches Instrument zum Analysieren und Filtern hereinkommender Informationen. Doch so manches Mal hindert uns unser viel gerühmter Verstand daran, einfach auf unser »Bauchgehirn«, das heißt unsere Intuition und unsere emotionale Intelligenz, zu hören. Allzu häufig redet uns der Verstand dazwischen, wenn wir doch schon ein ganz konkretes Bauchgefühl haben, das uns klar sagt, wie wir uns entscheiden sollten.

Für den Gegenteiler ist die Intuition ungeheuer wichtig, denn er lebt und entscheidet immer aus dem Bauch und dem Herzen heraus. Seine Intuition gibt die Richtung des Handelns an, er ist von Herzen präsent. Sein liebevoller Humor kann nur aus dem Herzen kommen. Daher kann es sehr hilfreich sein, zu trainieren, wie man das Gehirn beiseitelegt und es immer öfter auch dort belassen kann.

Diese Übung ist ein Hilfsmittel zur Erinnerung daran, sich mehr auf Ihr »Bauchgehirn« und Ihre Intuition zu verlassen und danach zu handeln. Und sie ist eine klassische Gegenteiler-Übung! Bitte nehmen Sie diese Übung nicht allzu ernst, sondern als Spiel, denn sie ist sehr wirkungsvoll und eine gute Erinnerungshilfe, Ihren Verstand einmal beiseitezulassen. Sie benötigen dazu nur Ihre Vorstellungskraft und kein neurochirurgisches Instrumentarium!

Übung: Einfach mal den Kopf ausschalten

Pantomimisch spielerisch funktioniert diese Übung folgendermaßen:

Stellen Sie sich vor, Sie hätten über dem linken Ohr ein kleines Scharnier, das sich öffnen lässt und so der Schädeldeckel angehoben werden kann. Nun ist es ganz einfach, das Gehirn herauszunehmen und es zunächst in die eigenen Füße zu legen. So hat man es anfangs noch näher bei sich und muss nicht so lange suchen, um es wiederzufinden. Außerdem braucht man sich so auch nicht solch arge Sorgen machen, dass es plötzlich ganz verschwindet.

Ganz wichtig ist es natürlich nun, den Schädeldeckel wieder zu schließen und auch das Scharnier, sonst zieht es so stark im Oberstübchen.

Erfahrungsgemäß rutscht das Gehirn in der ersten Zeit immer wieder heimlich an seinen Ursprungsort zurück. Aus diesem Grunde lohnt sich das regelmäßige Üben, ruhig mehrmals pro Tag, damit sich der Verstand an den neuen Zustand gewöhnen kann. Mit der Zeit werden Sie feststellen, dass Sie das Gehirn und vor allem Ihren Verstand in bestimmten Situationen immer weniger benötigen, ja, dass Sie sogar besser und leichter ohne ihn auskommen.

Zur Sicherheit kann es hilfreich sein, noch eine kleine Ansprache an den Verstand zu richten: »Lieber Verstand, bitte gönn dir doch einmal eine kleine Pause. Im Moment benötige ich dich nicht, also tritt ruhig für eine kleine Weile in den Hintergrund und erhole dich von all dem Denken. Von der Lebensweise und Erlebniswelt des Gegenteilers hast du noch nicht so viel Ahnung, also halte dich bitte einen Moment zurück. Später brauche ich dich dann wieder, um all das neu Erfahrene mit dir zu reflektieren. Vielen Dank!«

Erproben Sie das große »Ja« zu sich selbst

Besonders in den deutschsprachigen Ländern hat sich die »Killerphrase« Nummer eins eingebürgert, das große »Ja, aber«. Wie in kaum einem anderen Land sind wir Meister darin, auf viele Fragen erst einmal mit einem lauten und deutlichen »Ja, aber« zu antworten. Immer wieder höre ich in meinen Trainings von Führungskräften, in meinen Seminaren von Kursteilnehmern und auch im Coaching von Klienten: »Ja, aber, das geht nicht, weil…« »Ja, aber, das ist doch völlig unrealistisch…« »Ja, aber, das klappt doch nie…« »Ja, aber, warum sollten wir das denn ändern?« »Ja, aber, es ist erwiesen, dass …« »Ja, aber, die Praxis sieht aber ganz anders aus …« Und so könnte ich noch mit vielen solcher »Killerphrasen« fortfahren. Das »Ja, aber« blockt mich selbst und meinen Gesprächspartner ab und ist völlig ungeeignet für eine konstruktive Kommunikation. Und wenn man es dann doch einmal probiert, es wegzulassen, machen bald alle die Erfahrung, dass es auch ohne die »Ja, abers« ganz wunderbar klappt.

In anderen Ländern um uns herum wird zwar auch das »aber« benutzt, doch hat es dort eine andere Bedeutung. Von Franzosen, Italienern, Niederländern, Belgiern und Skandinaviern habe ich zum Beispiel gelernt, dass man sehr leicht anstelle des »Ja, aber« wunderbar ein ***»Ja, genau, und…«*** einsetzen kann, und schon ergibt sich ein ganz anderer Sinn. Die Kommunikation bleibt offen und lässt Konstruktives zu. Also: Fangen Sie doch einfach schon einmal damit an, und Sie werden sehen, das »ja, genau, und« verändert so vieles.

Und mit dem »Ja, genau, und …« kann man dann doch wieder ganz leicht eine andere Richtung einschlagen. Zum Beispiel sagt jemand: »Wir fahren mit dem Auto.« Der andere kontert: »Ja, genau! Und am Bahnhof steigen wir dann in den Zug«, anstelle von »Ja, aber, mit dem Zug geht es schneller.«

Wenn Sie einen Vorschlag mit »Ja, aber« ablehnen, blockieren Sie die Ideen der anderen. Mit dem »Ja, genau, und …« bleibt die Kommunikation offen für weitere kreative Ideen.

Vorschläge sind sämtliche Beiträge, die Sie und Ihre Mitspielerinnen/Gesprächspartner machen. Egal, wie sehr sie Sie überraschen oder wie sehr sie Ihren eigenen Plänen widersprechen. Dadurch wird die Improvisation zu einem Flechtwerk der guten Einfälle von Ihnen allen, anstatt dass sie nur aus den Ideen einer einzigen Person besteht. Das ist echte Zusammenarbeit!

Der Gegenteiler sagt uneingeschränkt und vollmundig »Ja«, zu sich selbst, zu all seinen wunderbaren Fähigkeiten, zu seinen Schwächen und zu allem, was ihn umgibt. Mit seiner kindlichen und neugierigen Offenheit und ganz ohne Vorurteile tritt er den Menschen gegenüber. Sein »Ja« kommt ganz tief von innen heraus und entwickelt seine Kraft von innen nach außen.

Ich lade Sie herzlich ein, das Gegenteiler-»Ja« mit mir auszuprobieren:

Übung: Erproben Sie das große »Ja« zu sich selbst

Stellen Sie sich aufrecht hin und richten Sie Ihre Aufmerksamkeit auf Ihren Unterbauch. Hier entsteht ein kleines verschmitztes »Ja«. Lassen Sie nun das »Ja« weiter hinaufwandern zu Ihrem Herzen, das Herz beginnt zu lächeln oder zu grinsen und räkelt sich wohlig in Ihrem Brustkorb. Das »Ja« wandert weiter zu Ihrer Kehle, die sich angenehm weitet. Das »Ja« wandert weiter in Ihre Mundhöhle und macht diese weich. Und erst dann plumpst das »Ja« hinaus, laut und kräftig. Es hatte also sehr viel Zeit, sich zu entwickeln, bis es endlich hinaus in die freie Welt durfte. Wenn Sie beim lauten »Ja« auch noch mit einem Fuß aufstampfen und beide Hände kräftig zur Faust ballen und nach vorne schwingen lassen, werden Sie feststellen, wie kraftvoll Sie nun auf dem Boden stehen.

Es empfiehlt sich, schon allein wegen der heute so viel gerühmten Qualitätssicherung, diese Übung noch mindestens dreimal zu wiederholen, bis das »Ja« sich traut, immer kraftvoller zu werden. Diese Übung bringt Sie zu sich selbst und lässt Sie präsenter werden. Vielleicht möchten Sie beim »Ja« auch noch all Ihre wunderbaren Fähigkeiten innerlich oder auch laut mit aufzählen – es kann dann nur immer besser werden. Jawohl, genau!

Nun haben Sie schon einmal die wichtigsten Grundlagen für den Gegenteiler kennengelernt. Eine weitere Übung kann Ihre Gegenteiler-Präsenz noch weiter stärken.

Übung: Zeigen Sie sich der Welt

Gehen Sie nun im Raum herum und spüren Sie Ihre Fußsohlen auf dem Boden. Nehmen Sie bewusst Ihren Körper wahr, wie er sich bewegt, von den Fußsohlen über Ihre Fußgelenke, Waden, Knie, Oberschenkel, Hüften, Ihren Rücken, Ihren Bauch, Ihre Brust, die Schultern, die Arme, den Hals und Ihren Kopf – und dann wieder hinunter – über den Hals, die Brust bis zum Bauch. Spüren Sie in Ihren Bauch hinein – in das Zentrum Ihres Wissens über sich und die Welt –, in den Ort, der für Sie Ganzheit oder Verbundenheit mit Ihnen selbst heißt. Nehmen Sie diesen Ort in Ihnen wahr, mit der Bezeichnung, wie Sie ihn für sich nennen. Vielleicht ist es der Ort der weisen Frau oder des weisen Mannes in Ihnen oder der Ort, an dem Sie in Verbindung mit Ihrem Universum sind oder an dem Sie die Vollkommenheit spüren.

Beginnen Sie nun leise oder innerlich zu sagen: »Ich bin.«

Suchen Sie Ihren eigenen Rhythmus – Ihren eigenen Ton – und lassen es dann lauter werden. »Ich bin.« – Lassen Sie das übergehen in die Aussage »Ich bin« und nennen Ihren Namen – »Ich bin – und Ihr Name« – erst leise – und dann lauter – und beginnen Sie, sich mit diesem Rhythmus durch den Raum zu bewegen. »Ich bin – ... (Ihr Name).« Spüren Sie nach, ob es Ihnen lieber ist, die Augen offen oder geschlossen zu halten – und wechseln Sie ab zwischen diesem »Ich bin« und »Ich bin ... (Ihr Name)« – finden Sie einen Rhythmus, der jetzt im Moment für Sie passt.

Öffnen Sie dann die Augen und sagen: »Ich bin da, ich bin hier!« Bewegen Sie sich mit diesem »Ich bin hier« im Raum. Spüren Sie, wie sich das für Sie anfühlt und was Sie noch hinzugeben können – als Qualität (Freude, Energie, Leichtigkeit, Glück ...), um ein freudiges »Ich bin hier!« in Ihnen entstehen zu lassen, so, dass Sie es gerne laut aussprechen. Und am Ende fügen Sie doch ruhig noch einmal das »Ja!« hinzu, stampfen mit dem Fuß auf und ballen beide Hände kräftig zur Faust: »Ich bin hier! Ja! Jawohl! Genau!«

Zum Abschluss dieses Kapitels möchte ich Sie noch mit einer weiteren Basis-Übung des Gegenteilers vertraut machen:

Übung: Beglückwünschen Sie sich zu sich und all Ihren Erfolgen

Der Gegenteiler ist beglückt und stolz über seine großartige Leistung, einfach da zu sein. Aus seiner positiven Weltsicht heraus freut er sich über seine bloße Existenz. Dabei lebt er mit sich und anderen stets das Prinzip der Freundschaft in dem Wissen, dass immer alles gut ausgehen wird. Es geht gar nicht anders. Und so beglückwünscht er sich selbst und andere immer wieder gerne für die einfache Tatsache, da zu sein im Hier und Jetzt. All die großen und auch kleinen Aktionen, Dinge und Erfolge, die ihm gelungen sind, werden natürlich ebenfalls mit einem lauten, deutlichen und vor allem herzlichen »Glückwunsch!« gefeiert. Das kann mit dem Aufstehen am Morgen beginnen und sich mit dem Lächeln, das er in das Gesicht eines anderen zaubert, bis hin zu den bestandenen Prüfungen des Lebens fortsetzen. Schließlich kann man sich gar nicht oft genug gratulieren.

Also tun Sie es doch ruhig dem Gegenteiler nach und beginnen gleich damit: Herzlichen Glückwunsch zu Ihrer Existenz! Glückwunsch dazu, dass Sie einfach da sind! Glückwunsch, dass Sie so sind, wie Sie sind! Schütteln Sie sich am besten gleich dabei auch ruhig kräftig die eigene Hand. Und beglückwünschen Sie auch andere, wenn Sie das Gefühl haben, dass sie gerade etwas Wunderbares vollbracht haben, und schütteln Sie deren Hand. *Glückwunsch! Ja! Jawohl! Genau!*

Viel Vergnügen!

2. Wie der Gegenteiler Ihre Wahrnehmung schärft

Eine geschärfte Wahrnehmung bringt Würze in Ihr Leben. Für den Gegenteiler sind die sinnlichen Eindrücke und Erfahrungen – das Sehen, Hören, Fühlen, Riechen und Schmecken – das A und O in seinem Leben. Mit der genauen Wahrnehmung seines Innenlebens und seines äußeren Umfeldes beginnt für ihn alles. Die Sinneskraft steht für ihn mit an erster Stelle.

Allzu oft laufen wir unaufmerksam durch den Alltag und sind einfach nur mit uns selbst beschäftigt. Möglicherweise hängen wir gerade in einer Erinnerungsschleife und beschäftigen uns mit Ereignissen, die längst der Vergangenheit angehören und die nun ohnehin nicht mehr zu ändern sind. Oder in und um uns kreisen all die Angelegenheiten, die noch anstehen und erledigt werden müssen. Ich erlebe immer wieder, egal ob im Coaching, im Kommunikationstraining, in Seminaren oder sogar im eigenen Zuhause, wie wir Menschen uns vom Jetzt ablenken lassen und in unsere eigene Gedankenwelt abtauchen. Und das, obwohl der Kopf ja mal ausgeschaltet sein sollte! Bei all diesen oftmals sehr lauten und alles übertönenden inneren »Gesprächen« verpassen wir jedoch bedauerlicherweise das Jetzt, all die wunderbaren Momente, die voller Schönheit sind oder auch von Komik erfüllt und die gerne wahrgenommen und gewürdigt werden möchten.

Dabei ist es einerlei, ob es die Einkaufsliste ist, die noch abgearbeitet werden muss, oder die Steuererklärung, die zur Erledigung seit Wochen oder gar Monaten bereitliegt, das dringend fällige Gespräch mit dem Partner, dem Chef, der Kollegin. Wir hetzen von Termin zu Termin und nehmen uns kaum mehr Zeit für den Augenblick. Ich höre sehr häufig von vielen Menschen, dass sie erst noch dieses und jenes erledigen müssen, das Haus fertigbauen, die Kinder groß werden sehen, die eigene Karriere verfolgen oder die des Mannes bzw. der Frau fördern.

»Ich habe keine Zeit« ist einer der Standardsprüche von heute. »Und wenn ich das dann alles erledigt habe in zehn oder zwanzig Jahren, dann nehme ich mir Zeit, um meinen Traum zu erfüllen oder mich mal in Ruhe hinzusetzen und auf den Augenblick zu achten.« »Ich muss noch bis zum Urlaub durchhalten, dann nehme ich mir Zeit zum Entspannen und Genießen.« Sogar wenn ich als therapeutischer Clown in Altenheimen unterwegs bin, treffe ich immer wieder hoch betagte Menschen wie die alte Dame von 98 Jahren, die mir sagte, dass sie immer noch darauf wartet, dass das Leben endlich beginnt. Doch halt: Das Leben findet jetzt statt, jetzt im Moment, eben im Jetzt!

Einmal hat es auch mich selbst erwischt, als ich in meiner Zeit als ärztliche Chefin des Mobilen Teams einen sterbenden AIDS-kranken Patienten besuchte. Er selbst war in seinem Vorleben ein wahrer Workaholic gewesen, der außer Arbeit nicht viel anderes kannte. Nun, kurz vor seinem Ableben, hatte er sehr vieles dazugelernt. Ich wiederum hatte ihm einen Hausbesuch versprochen (und versprochen ist versprochen!), doch da ich es vorher einfach nicht geschafft hatte, war es nun bei meinem Eintreffen bereits 23:00 Uhr.

Der Patient, ein sehr humorvoller Mensch, schaute mich grinsend an und sagte: »Also, erstens ist es eine Unverschämtheit, nachts um elf Uhr noch einen Sterbenden zu besuchen. Zweitens: Hast du heute überhaupt schon einmal etwas gegessen und Pause gemacht? Und drittens: Hast du dir schon einmal überlegt, dass es noch ein Leben vor dem Tod gibt?« Rums, das hatte gesessen, besonders die dritte Frage! Das war eine klare Gegenteiler-Äußerung und »Lehrgeld« pur! Seine weitere Reaktion an jenem denkwürdigen Abend war: »Also erstens brauche ich dich heute Abend nicht mehr, zweitens setzt du dich jetzt hier hin und isst etwas und drittens gehst du danach sofort nach Hause und ruhst dich aus.«

Bis zum heutigen Tag, und dieses Ereignis ist schon sehr viele Jahre her, habe ich den genauen Wortlaut noch sehr deutlich im Gehör und Gefühl und ich muss immer wieder an seine Aussage denken, besonders in Momenten, in denen ich zum »Workaholic« neige, was ich durchaus auch immer wieder gerne tue. Wer, anderes als dieser Patient, der in der Tat zwei Wochen später friedlich verstarb, sollte es wissen, dass es sich unbedingt lohnt, im Augenblick zu leben?

Für den Gegenteiler gilt genau ebendieses. Er hat seine ganz persönliche Regel: »Halt einen Moment inne! Nimm zuerst genau wahr, schau genau hin, höre, fühl und spür genau hin, rieche und schmecke. Dann erst handle und agiere!« Der Gegenteiler nimmt sich gerne viel Zeit für die genaue Wahrnehmung des Augenblicks, bevor er in Aktion tritt und beginnt, mit dem Moment zu spielen. Tut er das nicht, verpasst er so vieles, das er genießen könnte. Und das wäre doch höchst bedauerlich!

Viele Kursteilnehmer erzählen mir immer wieder, dass sie die Welt als sehr laut empfinden. Viele Eindrücke prasseln gleichzeitig auf sie ein. Doch der Gegenteiler nimmt sich Zeit für die Konzentration auf die einzelnen Sinne. Am besten probieren Sie es in der folgenden Übung gleich einmal selbst aus, das genaue Wahrnehmen:

Übung: Schalten Sie Ihre Sinne ein und aus

Gehen Sie doch einmal kreuz und quer durch Ihren Raum. Schauen Sie sich nun den ganzen Raum mit Ihren Augen genau an, achten Sie auf jede Kleinigkeit, die Sie vielleicht vorher noch gar nicht wahrgenommen haben. Lassen Sie sich ruhig Zeit dabei.

Nun wechseln Sie zum Hören und versuchen, mit Ihren Ohren alles zu hören, was da ist, Geräusche im Raum, Lärm, der von außen in den Raum dringt, Geräusche von Ihrem eigenen Körper …

Jetzt spüren Sie einmal genau hin: Wie fühlt sich Ihr Körper an, wie Ihre Bewegungen? Was alles gibt es im Raum zu erspüren, zu ertasten und zu fühlen?

Nun konzentrieren Sie sich auf den Sinn des Riechens und versuchen, alle Düfte und Gerüche wahrzunehmen, die im Raum sind.

Und nun schalten Sie auf das Schmecken um und konzentrieren Ihre ganze Aufmerksamkeit auf die Geschmäcker, die Sie wahrnehmen, und lassen sich auch dafür Zeit.

Zum Schluss schalten Sie alle ihre fünf Sinne wieder gleichzeitig ein. Wie nehmen Sie sich und Ihre Umgebung jetzt wahr?

Durch die Konzentration auf die einzelnen Sinne schärfen Sie Ihre Wahrnehmung und erlauben es sich so, ganz im Hier und Jetzt anzukommen und alles andere in Ihnen und um Sie herum auszuschalten. Und natürlich können Sie diese Übung auch jederzeit in der Natur, an Ihrem Arbeitsplatz, beim Einkaufsbummel auf der Straße oder wo auch immer wiederholen, um so Ihre Sinne und Ihre Wahrnehmung noch weiter zu schärfen.

In der nächsten Übung können Sie Ihre Aufmerksamkeit vertiefen und noch mehr auf Einzelheiten und Wunder des Alltäglichen lenken.

Übung: Erforschen Sie die Wunder Ihrer Welt mit allen Sinnen

Nehmen Sie sich einen Moment Zeit für die Erforschung Ihrer Welt mit geschlossenen Augen. Am besten legen Sie sich dazu ganz bequem auf den Boden. Erforschen Sie nun einen Sinn nach dem anderen. Beginnen Sie zunächst mit den Händen. Ihre Handflächen, insbesondere die Fingerkuppen, sind wahrhaftige Feinfühlorgane, sie verfügen über ausgezeichnete Spür-, Fühl- und Tastmöglichkeiten. Lassen Sie Ihre Hände die Welt um sich herum erkunden.

Vielleicht möchten Ihre Hände zuerst einen kleinen Tastausflug über die Oberflächenlandschaft Ihrer Kleidung machen, vielleicht möchten Ihre Hände sich auch erst einmal selbst ertasten. Vielleicht erreichen Ihre Hände dann auch weitere abenteuerliche Regionen Ihres Körpers, Ihr Gesicht, Ihren Hals, Ihre Haare, Ihre Arme und Beine, Ihren Rumpf, Ihre Fußlandschaften. Und irgendwann beginnen Ihre Hände auch, die endlose Weite des Fußbodens um Sie herum zu erkunden.

Wie nehmen Sie die Temperatur wahr? Wie unterschiedlich empfinden Sie die wechselnden Oberflächen, zum Beispiel die Ihrer Kleidung, Ihrer Hände, Ihres Körpers oder auch des Bodens um Sie herum? Wie rau, weich, glatt, hart, warm, kalt, eben oder uneben ist Ihre Umgebung? Vielleicht werden Sie auch überrascht von neuen Entdeckungen wie einem Staubflöckchen oder Krümel. Lassen Sie Ihre Hände weiter neugierig auf Forschungsreise gehen und erleben Sie alles, was Sie entdecken, als ein

Wunder. Jede Erhebung, jede Wölbung, jede Rille, jede kleine Vertiefung ist ein Wunder. Setzen Sie Ihren kleinen Abenteuerurlaub ruhig noch eine Weile fort und lassen Sie sich überraschen, was Sie alles entdecken werden.

Jetzt lenken Sie Ihre Aufmerksamkeit zu Ihrer Nase und Ihrem Geruchssinn. Sie machen nun einen Ausflug in die Wunderwelt des Riechens. Ihre Nase übernimmt nun die Führung und begegnet neugierig nach und nach den unterschiedlichsten Düften und Gerüchen. Halten Sie weiterhin die Augen dabei geschlossen, so geht es leichter und hält Sie fein vom versehentlichen Denken ab.

Vielleicht entdecken Sie, dass alle Gegenstände in Ihrem Raum unterschiedlich riechen. Welch ein Wunder! Die Tapete riecht ganz anders als der Teppich oder der Parkettboden oder die Wand. Vielleicht sind die Fenster frisch geputzt oder die Vorhänge frisch gewaschen. Wie nehmen Sie die Düfte und Gerüche Ihrer Kleidung und Ihres Körpers wahr? Wie viele weitere Riechwunder gibt es zu entdecken?

Unser Geruchssinn ist entwicklungsgeschichtlich einer der ältesten Sinne und viel enger und direkter als jeder andere Sinn über die Nervenzellen der Nase mit den emotionalen Zentren des Gehirns verbunden. Dort beeinflusst er unmittelbar über das Auslösen von Gefühlen und Erinnerungen unserer Wohlbefinden. Denken Sie zum Beispiel an eines Ihrer schönsten Urlaubserlebnisse, so ist damit oft ein bestimmter Geruch verbunden, vielleicht ist es die Meeresluft, die klare Bergluft, der Duft von Wiesen, Kaffee oder leckerem Essen. Riechen ist ein direktes Tor zur Welt der Gefühle.

Und natürlich können wir auch, wenn wir an unangenehme Situationen denken, uns an Gerüche erinnern. Nicht umsonst sagen wir: »Ich kann diesen Menschen nicht riechen« oder »Das stinkt mir!«. Doch bleiben wir beim Gegenteiler, dieser beschäftigt sich selbstverständlich viel lieber mit angenehmen Düften oder Gerüchen und erinnert sich dabei äußerst gerne an seine schönsten Erlebnisse, zum Beispiel an den herrlichen Urlaub am Meer oder in den Bergen, er riecht die frische Morgenluft oder den angenehmen Duft eines geliebten Menschen.

Bleiben Sie achtsam und horchen Sie nun mit weiterhin geschlossenen Augen. Auch die Welt der Töne und Geräusche ist voller Wunder! Gehen Sie herum, bleiben Sie hin und wieder auch einmal stehen oder setzen Sie sich still hin und hören Sie all den unterschiedlichsten Tönen im Raum zu. Vielleicht können Sie ja sogar die Geräusche und Klänge hinter den Tönen hören.

Vielleicht möchten Sie sogar mit geschlossenen Augen selbst Töne erzeugen und füllen Ihren Raum mit einer wahren Klangfülle. Vielleicht können Sie auch Töne und Geräusche von draußen erhorchen, möglicherweise pfeift da ein Vogel, oder ein Auto hupt, oder Sie hören Klänge von nebenan …

Langsam nähern Sie sich nun der Wunderwelt des Sehens. Ganz langsam und behutsam öffnen Sie nun ein Auge, nur einen winzigen Spalt. Lassen Sie das andere Auge ruhig noch geschlossen. Sie merken, wie ein zarter oder auch ein grellerer Hauch von Licht in Ihr Auge scheint. Nebelhaft erscheinen die ersten Dinge in Ihrem Sichtfeld. Betrachten Sie diese von nah und von fern, von oben und unten und von allen möglichen und unmöglichen Seiten.

Normalerweise geben wir im Alltag unseren visuellen Eindrücken den Vorrang. Wir sind es gewohnt, unsere Welt sehend wahrzunehmen. Doch das Sehen ist direkt mit unserem Verstand verbunden und wir beginnen mit seiner Unterstützung sogleich, zu bewerten und in Schubladchen einzuordnen. Also, Vorsicht! Wenn wir uns auf die Wunder des Lebens konzentrieren wollen, ist der Sehsinn alleine wenig hilfreich, denn der mit ihm verbundene Verstand gefährdet das Erleben und Genießen. Mit ihm gemeinsam beginnen wir ja bedauerlicherweise sofort zu denken und womöglich auch zu grübeln, und das muss ja nicht sein.

Zum Abschluss dieser Übung können Sie sich nun noch ein Tablett mit verschiedenen Leckereien bereitstellen, um in die Welt der Geschmackswunder einzutauchen. Achten Sie dabei darauf, dass Sie alle Geschmacksrichtungen einbeziehen, also Süß, Sauer, Salzig, Scharf und Bitter. Zum Beispiel können Sie sich folgende Zutaten bereit legen: Rosinen, Honig, Schokolade, Balsamico-Essig, Senf, Zitrone, Salzstangen, Chips, Ingwer, Bittermandeln oder was Ihnen sonst noch alles behagt.

Probieren Sie nun mit geschlossenen Augen nacheinander all die Köstlichkeiten, die Sie sich bereitgelegt haben. Riechen Sie zunächst daran, kosten dann erst einmal mit den Lippen, dann mit dem vorderen Teil der Zungenspitze, um dann den Bissen ganz im Mund zu behalten. Dann erst lutschen Sie, lassen ihn im Munde zergehen, kauen und schlucken. Am besten trinken Sie nach jedem Bissen einen kleinen Schluck Wasser, um das jeweilige Geschmackserleben wie bei einer Weinprobe zu neutralisieren.

Diese Übung eignet sich natürlich auch ganz hervorragend zum gemeinsamen Ausprobieren mit einem wertgeschätzten Partner. Viel Vergnügen dabei!

Das Erlebnis der Sinne kann zum Beispiel auch auf wundervolle Weise in einem »Dunkelrestaurant« fortgesetzt und verfeinert werden. Diese von Blinden für Sehende geführten Speiselokale lassen Ihre Wahrnehmung noch einmal auf eine ganz besondere Art auf- und hochleben. Unter www.unsicht-bar.com finden Sie Orte, wo Sie dieses Abenteuer erfahren können. Auch von Blinden für sehende Mitmenschen errichtete Tastgärten oder »Ausstellungen der Sinne« können Ihre bereits geschärfte Wahrnehmung noch weiter verfeinern. Sie werden nach solch einem Ausflug Ihre Welt auf jeden Fall mit anderen Augen sehen und wahrnehmen. Es ist gleichermaßen auch eine Reise in die Erlebniswelt des Gegenteilers, die sehr bereichernd und beglückend sein kann.

Der Gegenteiler hat einen tiefen Respekt vor der Schönheit alles Lebenden und er nimmt sich die Zeit, in aller Ruhe alles zu betrachten und wahrzunehmen, was er entdeckt.

Übung: Erleben Sie die Leichtigkeit des Seins mit Farbe und Ballon

Alles, was Sie nun benötigen, sind drei verschiedenfarbige Luftballons. Nachdem Sie diese mit Luft gefüllt haben, halten Sie den ersten zunächst einmal wie ein rohes Ei in den Händen und tragen ihn durch den Raum. Bleiben Sie ruhig auch weiter in Bewegung. Körperliche Bewegung hilft Ihnen, das Erlebte auch zu be-greifen. Verbinden Sie sich nun mit der Farbe des Ballons und assoziieren Sie alles, was Sie mit dieser Farbe in Verbindung bringen: Welche angenehmen Bilder tauchen vor Ihrem inneren Auge auf? Welche inneren Farben sind zu sehen? Passen bestimmte Bewegungen dazu? Welche angenehmen Gefühle tauchen auf, die zu Ihrer Farbe passen? Welche Klänge,

Töne und Geräusche sind zu hören? Und gibt es vielleicht auch einen Duft, Geruch oder Geschmack, der zu dieser Farbe passt?

Wenn dann alle Assoziationen beisammen sind, dann stellen Sie sich vor, wie die Farbe aus dem Luftballon Sie nun umgibt und Sie umhüllt wie ein Kokon, eine Schutzhülle, eine Raumkapsel, oder dass Sie in einem Scheinwerferkegel dieser Farbe gehen, ganz wie Sie mögen. Lassen Sie dann noch einmal alle angenehmen Assoziationen dazukommen und tanken Sie sich damit auf, bis Sie ganz erfüllt sind davon.

Zum Schluss lassen Sie die Farbe wieder zurück in den Ballon fließen und verabschieden sich von ihm.

Zur Vertiefung des Erlebens ist es sinnvoll, diese Übung auf die gleiche Weise mit den beiden andersfarbigen Ballons zu erproben. Das schult Ihre Vorstellungskraft und stärkt Ihre Energie. Zudem werden Sie sich am Ende bereichert fühlen durch die Vielfalt der sinnlichen Eindrücke. Und dieses wiederum bringt Sie dem Gegenteiler ein gutes Stück näher.

Nun ist es Zeit, Sie noch mit einer weiteren Übung des Gegenteilers vertraut zu machen, die Sie achtsam werden lässt für die Wahrnehmung der Schönheit des Menschen, der Sie selbst sind. Übrigens können Sie diese Übung auch sehr gut mit einem Spielpartner zusammen erleben.

Entdecken Sie Ihre innere Schönheit

Der Gegenteiler lebt seine ganz eigenen Werte. Diese sind: Energie und strahlende Lebenskraft, Liebe, Freiheit, Freude, Lachen, Leichtigkeit und Frische und: Wille.

Übrigens ist der »Wille« frei gewählt und das Gegenteil von »Müssen«. Wie häufig meinen wir doch, etwas tun zu müssen, wie zum Beispiel: »Ich muss gut sein!« »Ich muss besser sein als ...« »Ich muss brav sein und nett, dann werde ich auch geliebt« ... Der Gegenteiler will nichts müssen müssen, er will leben, er fühlt sich gewollt vom Leben und er ist felsenfest davon überzeugt, dass das Leben ihn will. Wenn Sie also machen, was Sie wollen, so passiert womöglich auch das, was Sie wollen. Also überlegen Sie es sich gut! Und wenn Sie etwas nicht wollen, so lassen Sie es einfach sein. Das Großartige dabei ist, dass Sie immer die Wahl haben und sich jederzeit frei entscheiden können – so, wie der Gegenteiler es macht.

Übung: Entdecken Sie Ihre innere Schönheit

Suchen Sie sich wieder einen Platz, an dem Sie sich frei bewegen können. Zunächst beginnen Sie an Ihrem Platz, sich einmal langsam um Ihre Körperachse herum zu bewegen, und dann gehen Sie frei im Raum umher. Beginnen Sie nun, Ihre Bewegungen zu übertreiben und größer werden zu lassen. Legen Sie all Ihre freudvolle Energie in Ihre überzogenen Bewegungen. Und dann lassen Sie Ihren Körper wieder zur Ruhe kommen und konzentrieren Sie sich auf Ihren Atem. Verweilen Sie so ruhig einige Augenblicke.

Leise oder in Gedanken sagen Sie dann zu sich selbst:

- »Ich bin Energie und strahlende Lebenskraft.«
- »Ich bin Liebe.«
- »Ich bin Freiheit.«
- »Ich bin Freude.«
- »Ich bin Lachen.«
- »Ich bin voller Leichtigkeit und Frische.«
- »Ich bin Wille und Wollen.«

Wenn Sie nach einiger Zeit genau hinspüren, so merken Sie, wie bei jedem dieser Sätze Energie und Kraft in Ihnen frei wird. Wenn Sie mögen, so gehen Sie nun mit einem Spielpartner in Kontakt, zum Beispiel, indem Sie sich ihm gegenüberstellen und nur still in die Augen schauen, während Sie in Gedanken oder leise die Sätze wiederholen. Schon bald werden Sie feststellen, dass eine tiefe Resonanz zwischen Ihnen entsteht und ein warmes Mitgefühl. Nichts wird Sie mehr stören, im Gegenteil: Sie erkennen nicht nur die Schönheit in Ihnen selbst, sondern auch im Gegenüber, trotz aller vermeintlichen Schwächen und Fehler, mit denen Sie nun vielleicht sogar spielerischer und leichter umgehen können oder gar mit einem Lachen ad absurdum führen.

Und wenn Sie nun zum Schluss dieses Kapitels noch immer nicht genug haben vom Wahrnehmen, dann können Sie sich noch getrost auf den Weg machen ins Menschengetümmel und andere an Ihnen teilhaben lassen und dabei auch andere in ihrer Existenz würdigen. Ein sehr geschätzter Gegenteiler-Kollege von mir hat einmal gesagt: »Jeder Mensch hat so viel Schönheit in sich. Ich muss halt nur genau hinschauen, hören und fühlen, dann entdecke ich sogar im größten Ekelpaket noch ganz viel Schönes.«

3. Wie der Gegenteiler Ihre Talente und Fähigkeiten mobilisiert und Ihr Selbstvertrauen stärkt

Jeder Mensch ist absolut einmalig und einzigartig. Auch Sie unterscheiden sich von allen anderen durch Ihre ganz persönlichen Ressourcen und durch Ihre ganz persönlichen Erfahrungen, die Sie in Ihrem Leben gemacht haben. Sie wären heute gar nicht hier, wo Sie sind, hätten Sie nicht aus all Ihrem Erlebten so vieles gelernt. Sie sind ein wahres Schatzkästchen, angefüllt mit edlen »Perlen«, reich an Talenten und besonderen Gaben, die Sie unter anderem auch durch die besonderen Herausforderungen in Ihren persönlichen »Lebens-Lernstationen« erworben haben.

Bedauerlicherweise sind wir uns all unserer Schätze nicht ständig bewusst. Viele Fähigkeiten und Ressourcen sind auch in den Hinter- oder gar Untergrund geraten, da sie zum Beispiel vor lauter Wohlerzogenheit erst einmal zurücktreten mussten. Vielleicht durften auch Sie oft einfach nicht so sein, wie Sie gerne wollten und gekonnt hätten? Manche Talente werden in Elternhäusern, Kindergärten, Schulen, am Arbeitsplatz oder in der Partnerschaft nicht so wertgeschätzt, wie es ihnen zukäme. Und so beginnen wir, uns anzupassen und so manches Mal eine Rolle zu spielen und uns verschiedene Masken aufzusetzen. Doch verloren und wirklich vergessen ist auch Ihr Perlenschatz dadurch natürlich nicht, er hält nur ein kleines Nickerchen vor lauter Langeweile, nicht gebraucht zu werden. Oder er steht bereits in den Startlöchern, um endlich wieder nach vorne preschen und zum Einsatz kommen zu können.

Häufig taucht er blitzartig wieder auf, wenn wir uns an glückliche Momente in unserem Leben erinnern, in denen wir uns ganz und vollständig fühlten. Vielleicht war es ein freudiges Lächeln, das uns begegnete, ein traumhafter Frühlings- oder Sommertag, ein kristallklarer Winterhimmel, die erste Begegnung mit der großen Liebe, das Glück über das neugeborene Kind oder ein außerordentlich schöner Urlaub. Wir haben eine grenzenlose Anzahl solcher Momente in unserem unbewussten Datenspeicher aufbewahrt, und wir können trainieren, diese wunderbaren Momente wieder aufleben zu lassen.

Selbstverständlich können wir auch jederzeit den Negativ-Datenspeicher anzapfen und unsere Gefühlswelt mit unangenehmen Erinnerungen überfluten, schließlich haben wir das ja bis zur Perfektion gelernt. Doch halt! Hier haben wir es mit dem Gegenteiler zu tun, aus welchem Grund sollten wir das also tun? Das macht doch nur verstimmte Laune, so lassen wir es doch lieber gleich bleiben und beschäftigen uns mit den Positiv-Dateien. Am besten, Sie schauen sich sogleich all die Herrlichkeiten dieser Erde genauer an. Je eher Sie sich dazu entschließen, auch Ihre eigene Welt positiv wahrzunehmen und sich all Ihrer unzähligen Fähigkeiten und Ressourcen bewusst zu werden, umso positiver bewertet auch Ihr emotionales Gehirn und stärkt somit Ihre emotionale Kompetenz, Ihr Verantwortungsbewusstsein und Ihr Selbstwertgefühl.

Manche Menschen sind darauf fixiert, sich selbst und andere ständig darauf hinzuweisen, was sie alles nicht können, was sie alles an sich nicht mögen, wo sie sich nicht perfekt und gut genug fühlen, was sie alles schon wieder falsch gemacht haben und wozu sie sowieso zu doof sind.

Ich erinnere mich selbst noch sehr gut daran, wie ich alle meine Fähigkeiten und all das Bunte, was mich ausmacht, verloren glaubte, als ich versehentlich bzw. aus Unachtsamkeit an einem Arbeitsplatz landete, der überhaupt nicht zu mir passte und ich nicht zu ihm. Ich konnte all meine Kreativität nicht einsetzen, sondern versauerte vor mich hin an einem Schreibtisch, an dem ich staubtrockene Vorlagen für eine ärztliche Standesorganisation erstellen musste, und das, nachdem ich zehn Jahre als Chefin des Mobilen AIDS-Teams sehr frei, kreativ und eigenverantwortlich gearbeitet hatte. Was hatte ich mir nur dabei gedacht und wo hatte ich bei der Stellenauswahl nur hingeschaut und hingespürt? Ich hatte mich von einem vordergründig charmanten Chef einwickeln lassen sowie von dem Wunsch, kein Streetwork mehr machen zu wollen.

Nun saß ich also da und war einerseits fachlich und sozial absolut unterfordert und andererseits durch das geforderte Standesverhalten und die mir bis dahin unbekannten akademisch-männlichen Machtspielchen in Neandertalermanier völlig überfordert. Mittags hatte ich bereits alle meine Aufgaben erledigt und langweilte mich vor mich hin, musste aber so tun, als würde ich eifrig arbeiten. So lagen in Alibifunktion lauter Fachbücher auf meinem Schreibtisch und in der Schublade ein Krimi. Alle meine Talente waren hier nicht gefragt und bereits morgens hatte ich das Gefühl, jeden Tag mehr von meiner Persönlichkeit an der Pforte abzugeben und abends immer weniger davon wieder mit nach Hause zu nehmen. Bald schon traute ich mir nichts mehr zu und fühlte mich klein und bedeutungslos. Ja, ich vergaß, was ich alles kann, und sogar, dass ich ja auch eine gelernte Pantomime und Gegenteilerin bin. Und ich konnte überhaupt nicht begreifen, dass so etwas ausgerechnet mir als gestandener Frau passieren konnte.

Meine Rettung war schlussendlich die Erfüllung eines lang gehegten Wunsches: Ich kaufte mir endlich eine Klarinette und lernte, sie zu spielen. Gleichzeitig befand ich mich in der Ausbildung zur Kommunikationstrainerin, und auch das brachte mich glücklicherweise zu meinen Ressourcen zurück. Am Arbeitsplatz half jetzt nur eines: Ich kündigte auf der Stelle, nahm mir eine Auszeit und bald schon war mein Kolibri-Institut geboren, in und mit dem ich seither all das leben kann, was ich bin: eine Gegenteilerin mit all den wunderbaren kreativen Potenzialen und Erfahrungen des Lebens und den unterschiedlichen Professionen. Endlich hatte ich zu meiner wirklichen und wahren Berufung gefunden.

Wie entdeckt man denn nun die verborgenen Talente und Fähigkeiten wieder? Ein wenig haben Sie es schon gelernt in den vorherigen Kapiteln, als Sie das genaue Wahrnehmen und das Im-Moment-Sein übten. Damit sind Sie schon ein gutes Stück vorangekommen und nah bei Ihren Ressourcen. Zudem verfügen Sie über ein großartiges »Bauchgehirn«, Ihre sogenannte emotionale Intelligenz und Kompetenz, die mit ein wenig Übung noch lebendiger und aktiver werden kann. Inzwischen ist es ja amtlich, nämlich von der Neurowissenschaft bewiesen, dass in unserem Bauchraum Zellen sitzen, die mit denen des Gehirns nahezu identisch sind. Achtzig Prozent aller Informationen, die wir aufnehmen, laufen über dieses »Bauchgehirn«, werden erst einmal von ihm überprüft und erst dann nach oben ins Oberstübchen zum Verstand weitergeleitet.

Bei allem, was Sie sich vorstellen oder dem Sie begegnen, sei es ein Mensch, ein Gegenstand oder eine Erinnerung, wissen Sie sofort, ob Sie es mögen oder nicht. Sie wissen, wie sympathisch Ihnen jemand ist, ob Ihnen ein Essen schmeckt oder nicht. In wenigen Sekunden bis Minuten haben Sie über Ihr »Bauchgehirn« bereits einen treffenden ersten Eindruck von einem Menschen oder von einer Situation gewonnen. Sie entscheiden, wenn Sie sich auf Ihr »Bauchgehirn« verlassen und nicht allzu sehr auf Ihren Verstand hören, »aus dem Bauch heraus«, was Ihnen guttut und was nicht.

Zuerst empfinden wir, machen uns ein Bild oder ein Gefühl und treffen dann unsere Entscheidung. Unser Verstand kann und darf einschreiten, allerdings nur zur übergeordneten Kontrolle unserer Wertungen und Entscheidungen. Der Verstand überprüft und kalkuliert also, ob sich der Einsatz lohnt. Gerade aber bei wichtigen Entscheidungen haben Sie oft aus dem Bauch heraus gespürt, dass ein Verhalten oder eine Entscheidung richtig oder falsch ist – das wiederum kann Ihr Verstand nicht leisten. Der emotionale Zugriff auf die richtige Erkenntnis geht blitzschnell und ist meistens richtig, weil sie Ihre gesammelte Erfahrung, das heißt: auch die Ihrer Fähigkeiten und Talente, spiegelt, solange Sie sich nicht von Ihrer Vernunft abhalten lassen.

Natürlich funktioniert Ihr »Bauchgehirn« auch bei negativen Ereignissen und Begegnungen, hier als unangenehmes Gefühl oder als schlechte Vorahnung.

Unser »Bauchgehirn« ermöglicht uns nicht nur das Treffen von Entscheidungen, sondern auch den damit verbundenen freien Willen. Und ohne unseren freien Willen wäre Verantwortung nicht möglich!

Sehen Sie? Sie können es bereits und tun es sicherlich auch schon. Und da der Gegenteiler sich neugierig für Ihr positives Selbstbild interessiert, machen Sie sich doch am besten gleich mit ihm zusammen auf den Weg zu Ihren Perlen und Kraftquellen.

Stärken Sie sich mit Ihrer Quelle der Kraft

Wie mag Ihre Quelle der Kraft gestaltet sein? Die Kraftquelle ist ein Symbol für persönliche innere Kraft, für Lebensfluss und -energie. Sie bedeutet für jeden Menschen etwas anderes. Für die einen mag es Gott, Buddha, Allah oder Jesus sein, für andere Göttin, die Große Mutter, der Große Geist oder das Universum, für wieder andere ist es der Gedanke an einen schönen Meeresstrand mit Palmen oder eine malerische Felsenbucht. Der eine findet seine innere Balance an einem klaren See im Hochgebirge oder im dichten Wald, die andere kommt zur Ruhe und den inneren Ressourcen nahe beim Lauschen oder Spielen herrlicher Musik. Es kann natürlich auch ein besonderes Licht sein oder ein strahlender Kristall, der Sie innerlich auftanken lässt. Wie auch immer Ihre persönliche Kraftquelle gestaltet ist, sie wird mit all ihren wunderbaren Qualitäten Ihr Wohlbefinden und Ihre innere Ruhe und Ausgeglichenheit stärken, sodass der Alltag mit seinen Lasten leichter bewältigt werden kann.

Übung: Stärken Sie sich mit Ihrer Quelle der Kraft

Jederzeit können Sie Ihre inneren Batterien wieder aufladen, indem Sie sich mit Ihrer Kraftquelle verbinden und sie sich mit allen Sinnen nach Herzenslust vorstellen: Was sehen Sie, wenn Sie sich Ihre Kraftquelle vorstellen? Wie sehen Sie sich inmitten Ihrer Kraftquelle? Welche Farben, welches ganz besondere Licht gehört dazu? Was hören Sie, welche Klänge und Töne sind vorhanden? Was fühlen Sie, wie fühlt es sich in und mit Ihrer Kraftquelle an? Wie fühlen Sie sich? Und gibt es auch einen speziellen Geruch oder Duft, der dazugehört, oder einen ganz besonderen

Geschmack? Jetzt lassen Sie sich von Ihrer Quelle der Kraft wie von einer Schutzhülle, einem Kokon, einer Raumkapsel oder einem Scheinwerferlicht umgeben. Baden Sie sich ruhig in diesen wohligen Gefühlen, sooft Sie wollen – das genau stärkt Ihre Ressourcen und Ihr Selbstvertrauen.

Und wenn Sie mögen, tanzen Sie sich am Schluss noch in Ihre Kraftquelle hinein. Wählen Sie Ihre momentane Lieblingsmusik aus, zu der Sie sich in Ihrer guten Stimmung gerne bewegen möchten. Dann stellen Sie sich Ihre Kraftquelle noch einmal in allen Farben, mit allem Licht, den Qualitäten und positiven Gefühlen und den dazugehörenden Bewegungen vor. Und lassen Sie es von Herzen mit Ihnen durchgehen, tanzen Sie sich frei und in all Ihre Energie hinein und hören Sie erst wieder auf, wenn Sie sich ganz angefüllt und aufgefüllt und umgeben fühlen von all den wunderbaren Qualitäten Ihrer Kraftquelle, die ja Sie selbst sind. Und wenn Sie wollen, so stellen Sie sich alle Situationen vor, in denen Sie diese Kraftquellen-Eigenschaften gut gebrauchen können, und lassen sie sie in alle diese Situationen hineinfließen, so lange, bis auch diese rundherum ganz von Ihrer Kraftquelle erfüllt sind.

Und übrigens: Übung macht auch hier den Meister und die Meisterin. Viel Vergnügen!

Und damit Sie sich jederzeit an die wunderbare Kraft Ihrer inneren Quelle erinnern können, schreiben oder malen Sie sich doch ruhig auch all die besonderen Qualitäten Ihrer internen Tankstelle in all ihrer Farbenfreude auf.

Erinnern und sammeln Sie Ihre ganz besonderen Augenblicke

Sie bergen in sich ein Reservoir an besonderen Momenten. Leider neigen wir im Alltag immer wieder dazu, sie in Vergessenheit geraten zu lassen oder uns auf die eher unschönen Erlebnisse zu besinnen. Doch wenn wir uns etwas Muße gönnen, so können wir die kostbaren Augenblicke leicht wieder in uns entdecken und erneut bewusst abspeichern, sozusagen ein Update machen.

Übung: Erinnern und sammeln Sie Ihre ganz besonderen Augenblicke

Nehmen Sie sich doch gleich ein wenig Zeit für sich und legen Sie sich für alle Fälle auch etwas zum Schreiben bereit. Und wenn Sie dann so weit sind, setzen oder legen Sie sich am besten erst einmal bequem und locker hin, sodass Sie sich wohl fühlen und sich entspannen können.

Lassen Sie nun in den nächsten fünf bis zehn Minuten Ihr Leben im Schnelldurchgang vor Ihrem geistigen Auge vorüberziehen und erinnern sich noch einmal an all die schönen Erfolgserlebnisse aus dem Privat- und/oder Berufsleben. Gemeint sind die Situationen, in denen Sie im Vollbesitz Ihrer Kräfte waren, in denen Sie all Ihre Fähigkeiten zur Verfügung hatten und in einer hervorragenden Verfassung waren. Sie fühlten sich ausgezeichnet und waren einfach sehr gut drauf. Vielleicht ist es ein besonders schöner Urlaub, an den Sie sich erinnern, oder ein sportlicher oder beruflicher Erfolg oder vielleicht auch etwas ganz anderes?

Nun wählen Sie sich das schönste Erlebnis aus, und

zwar eines, das Ihnen momentan am besten gefällt und das Sie jetzt am eindruckvollsten und schönsten erinnern. Halten Sie den Höhepunkt Ihrer persönlichen Wohlfühl-Kurzgeschichte geistig und am besten auch schriftlich fest. Es ist so ein Moment ohne Wenn und Aber. Es ist ein Augenblick, in dem Sie sich gesagt haben: »Wow, ich kann das und ich schaffe das! Ich bin gut! Ich fühle mich rundum wohl und kompetent!« Oder: »Oh, was für eine wunderbare Situation und was für ein schönes Erlebnis!«

Vielleicht finden Sie auch ein Symbol für diesen Augenblick oder Sie möchten eine kleine Zeichnung dazu machen oder Farben aufmalen oder auch einen Gegenstand hervorholen, der diesen Höhepunkt für Sie noch verdeutlicht, zum Beispiel ein Foto, einen Stein, ein getrocknetes Blütenblatt, eine Feder oder was auch immer Ihnen in den Sinn kommt.

Während Sie sich mehr und mehr an diesen schönsten Augenblick erinnern, tun Sie jetzt einfach so, als ob Sie diese Situation noch einmal erlebten. Gehen Sie in Ihrer Vorstellung in diesen Moment hinein und erleben Sie ihn noch einmal vollständig und mit allen Ihren Sinnen.

Sollte sich trotzdem ein Wenn oder Aber einstellen und Ihnen den Augenblick verderben wollen, so schicken Sie diese unverzüglich dahin, wo sie hergekommen sind, nämlich zurück in Ihren wertenden Verstand. Wenns und Abers gehören hier nicht hin und werden jetzt ein für alle Mal rausgeschmissen! Und erst wenn sie verschwunden sind und nicht mehr dazwischensprechen, dann machen Sie mit der Übung weiter. Am besten drehen Sie einfach, als Ihr ganz eigener Filmregisseur, die angenehme Szene ein gutes Stückchen zurück bis zu der Stelle, vor der sich diese Unwort-Gefühle einschleichen wollten. Und dann lassen Sie Ihren inneren Spielfilm wieder weiter abspielen.

Schauen Sie sich nun um, was in diesem wunderbaren Augenblick alles da ist, welche angenehmen Personen oder Dinge Sie vor Ihrem inneren Augen sehen können, von welchen Farben Sie umgeben sind und wie Ihre Umgebung aussieht.

Wie sehen Sie sich selbst, und wie bewegen Sie Ihren Körper in diesem besonderen Moment? Was ist für Sie in der Situation zu spüren? Welche angenehmen Emotionen können Sie fühlen?

Welche Geräusche, Worte, Klänge und Töne können Sie hören in dieser Situation, während Sie sich weiter umschauen? Sind es Worte von anderen Personen, oder aber ist es auch das, was Sie sich selbst sagen? Gibt es vielleicht auch eine bestimmte Melodie, die Sie hören?

Und vielleicht gibt es auch einen ganz bestimmten Geschmack oder Geruch, der für Sie dazugehört?

Erleben Sie diesen Moment mit allen Ihren Sinnen.

Nun finden Sie für sich den allerschönsten Moment heraus – den Augenblick, wo Sie das Gefühl haben, dass alles in Ihnen da ist –, wo Sie sich sicher und wohl fühlen und Ihre Fähigkeiten schwungvoll genießen. Und wenn dieser Moment nur sehr kurz ist, dann machen Sie ihn jetzt einfach etwas länger, sodass Sie ihn vollständig und mit allen Sinnen genießen können. Bitte denken Sie daran, Sie führen hier die Regie und Sie können Ihren Film jederzeit zum Positiven verändern und verlängern!

Nehmen Sie nun noch einmal wahr, was diesen Moment so besonders werden lässt, welches angenehme Gefühl Sie begleitet, und lassen Sie sich vollkommen davon ausfüllen.

Und wenn Sie das Gefühl haben, dass jetzt alles vollständig da ist, dann können Sie noch den Daumen und den Zeigefinger Ihrer rechten Hand zusammenführen, sodass sich die Fingerspitzen Ihres Daumens und Ihres Zeigefingers für einen Augenblick berühren – während Sie dieses Gefühl in sich spüren. Diese Berührung der beiden Finger wirkt noch einmal verstärkend und wird Sie an dieses besondere Gefühl, an diesen besonderen Augenblick erinnern.

Sie haben alle Fähigkeiten und Möglichkeiten, und diese wollen genutzt und spielerisch eingesetzt werden. Nutzen Sie Ihr Spektrum, Ihre ganz persönliche Vielfalt für Ihr Leben und all die Aufgaben, die Sie sich gestellt haben.

Auch wenn Sie an zukünftige Situationen denken, in denen Sie dieses besondere Gefühl gut brauchen können, so können Sie sich immer wieder diese Situationen mit allen Ihren Sinnen vorstellen und auch, wie Sie sie erfolgreich meistern. Und auch hier kann Ihnen wieder das Zusammenführen des Daumens und des Zeigefingers Ihrer rechten Hand helfen, sich noch stärker an das Gefühl dieses besonderen Augenblicks zu erinnern, und Sie leichter mit Ihren Ressourcen in Kontakt bringen.

Der Gegenteiler liebt es, sich ständig Situationen auszumalen, die er entweder schon positiv erlebt hat oder noch gerne erleben möchte. Viele Leistungssportler und auch Bühnenkünstler bereiten sich ebenfalls auf diese Weise auf einen Wettkampf oder Auftritt vor. Sie malen sich in den buntesten Farben und Details aus, wie sie bravourös in Bestzeit ihr Ziel erreichen oder bei tosendem Applaus nach erfolgreichem Auftritt auf der Bühne stehen. Ich selbst nutze diese Technik ebenfalls, um mich entweder auf ein Seminar, einen Auftritt, ein Akquise-Gespräch oder auch eine Clown-Visite einzustimmen. Ich stelle mir die anstehende Situation so konkret wie möglich vor, sehe mich strahlend zu den Menschen gehen und kompetent, voller Freude, mit Spaß, voller kreativer Einfälle und mit Leichtigkeit mein Werk verrichten. Ich stelle mir meine Gegenüber ebenfalls vor, wie sie mich ebenso strahlend begrüßen, begeistert mitmachen und mir zulächeln. Und siehe da, es funktioniert in den allermeisten Fällen.

In meiner Arbeit erlebe ich es immer wieder, egal ob im Coaching, im Management-Training, in Seminaren oder auch der Clown-Therapie, dass viele Menschen im Laufe ihres Lebens vergessen haben, welche besonderen Fähigkeiten in ihnen stecken, oder aber auch, dass sie sie bereits leben.

Einer meiner Clown-Schülerinnen fiel die Antwort auf einige meiner Fragen erst zwei Wochen nach einem Kurs-Wochenende wieder ein: »Wovon träumtest du als Kind? Was hast du besonders gerne getan und was wolltest du am liebsten werden?« Sie rief mich an und sagte begeistert: »Auf einmal wusste ich wieder, dass ich Bienenkönigin werden wollte! Ich stellte mir das ganz toll vor, umgeben von lauter quirligen, bunten Bienen, die mir viele Honig-Geschenke bescherten. Und jetzt ist mir klar geworden, dass ich ja bereits wie eine Bienenkönigin lebe. Als Erzieherin bekomme ich täglich von den bunten und quirligen Kindern deren unzensierte Lebendigkeit und damit auch ganz viele Honig-Geschenke beschert. Und wie das erst einmal als Klinikclown sein wird! Ist das nicht toll?«

Zu meiner Zeit als Neurologin betreute ich einen jungen Mann, der es nach langjähriger Drogenkarriere geschafft hatte, nun endlich clean zu sein. Nun saß er allerdings ratlos da und hatte keinerlei Ideen, was er mit seinem neuen Leben anfangen sollte. All seine Energien und auch seine Kreativität waren bisher in die Beschaffung von Suchtmitteln geflossen.

Ihm war gar nicht bewusst, welch ein enorm kreatives Potenzial er hatte, doch als er es dann erkannte, fiel ihm sein alter Berufswunsch wieder ein, Musiker zu sein. Gleichzeitig erinnerte er sich, dass er früher Musik studiert hatte und ausgezeichnet Akkordeon, Klavier und Orgel spielte und überdies noch hervorragend singen konnte. Als Rheinländer träumte er schon immer davon, in einer »muttersprachlichen« Musikgruppe zu spielen. Aber heute? Wer würde ihn als abgehalfterten Exjunkie denn wollen? Kurzum: Er wagte den Sprung ins Ungewisse, und heute ist er musikalischer Leiter einer erfolgreichen Mundart-Band im Karneval. Auch er kann nun endlich seine Berufung leben, absolut drogenfrei.

Auch im hohen Alter kann man selbstverständlich noch alte oder neue Talente entdecken, dazu möchte ich Ihnen noch ein Gegenteiler-Beispiel erzählen:

Viele Jahre habe ich als therapeutischer Clown und Gegenteilerin in einem Altenheim gearbeitet. Dort begegnete ich auch einem älteren Herrn, der nach einem Schlaganfall im Rollstuhl saß. Er schaute immer geflissentlich weg, sobald ich erschien, sodass ich schon glaubte, er wolle nichts mit mir zu tun haben. Doch er verfolgte heimlich, mit halb geschlossenen Augen, jeden meiner Schritte, was wiederum meine Neugier und meinen Ehrgeiz zu einem Kontaktversuch anspornte. Da er einen sehr kompliziert auszusprechenden Namen hatte mit einer Aneinanderreihung einiger Konsonanten, »Clrjs…«, und ich diesen nicht unfallfrei herausbringen konnte, bat ich ihn eines Tages um Aussprech-Nachhilfe. Dieses Anliegen ließ ihn sofort auftauen und er gestand mir seinerseits sein Kontaktbedürfnis zum Clown und seine gleichzeitige Schüchternheit, bedingt durch seine Behinderung.

Dann erzählte er – was übrigens bisher niemand dort wusste –, dass er im Alter von 17 Jahren aus Jugoslawien nach

Wien gegangen sei, um dort perfekt Deutsch sprechen zu lernen. Er nahm zu diesem Zweck Schauspielunterricht am Max-Reinhardt-Institut und studierte Operngesang. Jedoch arbeitete er dann in einem historischen Handwerk und betrieb die musischen Künste nur noch zu seinem privaten Vergnügen. Doch seit seinem Schlaganfall sei nun auch das vorbei, er habe eine brüchige Stimme und das Sprechen falle ihm auch sehr schwer. Auf meinen Vorschlag, mit ihm »gegenteilerisch« zu üben, ging er sofort ein, seine Augen strahlten.

So übten wir zum Zwecke der deutlichen Aussprache feine Zungenbrechersätze, zum Beispiel: »Wenn Schnecken an Schnecken schlecken, merken Schnecken zu ihrem Schrecken, dass Schnecken nicht schmecken.« Weiterhin stärkten wir mit Übungen für Atem und Stimme seinen Kehlkopf, die Lungen und das Zwerchfell. Bald schon machte er große Fortschritte, er konnte bereits nach kurzer Zeit eine Kerze aus einer Entfernung von fünfzig Zentimetern, dann von einem Meter auspusten. Sein Stehen und Gehen verbesserte sich ebenfalls deutlich. Und das Tollste war, dass er eine Fangemeinde bekam, lauter nette Damen, die unseren Proben beiwohnten und auch gleich mit übten. Bald schon gründete er mit seinen Fans einen Chor, der bis zum heutigen Tag mit Liedern der Comedian Harmonists im weiteren Umfeld des Seniorenheims sehr erfolgreich Auftritte feiert.

Übung: Entdecken Sie Ihre Fähigkeiten und Talente

Wo stecken denn nun alle Ihre Fähigkeiten und Talente? Ich bin sicher, dass Sie inzwischen schon viele Hinweise dafür gefunden haben, zum Beispiel in Ihrer Quelle der Kraft und auch in Ihren Wohlfühl-Kurzgeschichten. Bitte halten Sie für die nun folgenden Fragen auch wieder Ihr Schreibzeug griffbereit.

In Ihnen steckt ein Genie und dessen waren Sie sich als Kind durchaus noch bewusst. Erinnern Sie sich doch einmal an jene Zeiten, in denen Sie wie der Gegenteiler geträumt haben und gespielt haben, wozu Sie Lust hatten. Wahrscheinlich haben Sie so manches Mal verträumt in die Wolken geschaut und sich die tollsten Phantasien vom Leben gemacht. Welche Träume sind es, die heute in Ihnen noch ganz lebendig sind?

Welche Fähigkeiten und Talente können sich wohl in Ihren frühen Interessen oder Träumen verstecken? Über welche Ressourcen verfügen Sie? Wo sind Ihre ganz persönlichen Stärken? Was zeichnet Sie aus? Wobei fühlen Sie Ihre Begeisterung? Was fällt Ihnen besonders leicht? Was alles bereitet Ihnen Freude? Und bei welchen Tätigkeiten wachsen Sie über sich selbst hinaus? Bei welcher Beschäftigung können Sie sich vollkommen vergessen? Wann fühlen Sie sich ganz und vollständig? Und bei welchem Tun sind Sie auch stolz auf die Dinge, die Sie getan haben? Ja, genau! Das ist der Pool mit Ihren Talenten und Fähigkeiten!

Sie haben viele ganz besondere Talente, seien Sie sich dessen bewusst! Ihre Talente wollen gelebt werden! Ihre speziellen Fähigkeiten sind es, die Ihnen die Freude und Begeisterung am Leben schenken. Und das Wunderbare ist: Sie stehen Ihnen ein ganzes Leben zur Verfügung! Und es ist niemals zu spät, sie lebendig werden zu lassen! Jawohl, genau!

Übung: So eignen Sie sich neue Fähigkeiten an

Halten Sie ruhig auch für die nächste Übung Ihr Schreibzeug in Bereitschaft.

Gibt es etwas, das Sie gerne wieder oder zusätzlich können möchten? Welche Fähigkeiten möchten Sie gerne leben und besitzen? Sollten Ihnen so ganz spontan einige einfallen, so schreiben Sie es sich doch gleich auf, damit es nicht wieder verlorengeht.

Benötigen Sie für Ihre Fähigkeit eine bestimmte Verhaltensweise? Wenn ja, so notieren Sie diese doch bitte auch.

Stellen Sie sich nun vor, es wären bereits ein bis fünf Jahre vergangen und Sie haben in dieser Zeit die gewünschte Fähigkeit voll entwickelt. Schließen Sie ruhig die Augen und lassen vor Ihrem inneren Auge einen Film entstehen, der Sie in der Zukunft zeigt, wie Sie diese gewünschte Fähigkeit leben. Schauen Sie sich Ihren Film genau an. Was sehen Sie dort auf Ihrer inneren Leinwand? Was genau tun Sie gerade? Wie verhalten Sie sich? Was hören Sie sich sagen? Was hören Sie andere sagen? Schauen Sie und hören Sie genau hin!

Und wenn in Ihrem Film etwas geschehen sollte, was Ihnen nicht behagt oder nicht gefällt, so verändern Sie einfach den Ablauf und das Drehbuch, indem Sie zum Beispiel die Handlung einer Szene, den Text, die Emotion oder die Melodie verändern. Überprüfen und verändern Sie den Film so lange, bis er Ihnen ganz und gar gefällt und keine Einwände mehr anzutreffen sind. Schließlich ist es ja Ihr Film! Sie sind hier die Regisseurin bzw. der Regisseur, und nur Sie können Ihren Film nach Ihren speziellen Wünschen jederzeit verändern.

Sobald Sie mit Ihrem Film völlig zufrieden sind, gehen Sie hinein in das Geschehen, durchlaufen die zugehörigen Szenen noch einmal innerlich und spüren, wie es ist, diese gewünschte Fähigkeit zu leben.

Welche Bedeutung hat es für Sie, wenn Sie diese Fähigkeit erworben haben?

Nun schauen Sie noch einmal zurück auf den Weg, den Sie bis zum Erreichen Ihrer neuen Fähigkeit zurückgelegt haben. Welche Schritte und Stationen sind Sie auf dem Weg zum Neuen gegangen? Und wie wissen Sie, wann es so weit ist, dass Sie über diese Fähigkeit verfügen? Woran merken Sie es? Und spüren Sie auch schon die Freude darüber, dass Sie die Fähigkeit bereits haben? Und nun stellen Sie sich auch noch die Menschen in Ihrer Umgebung vor, die sich ebenfalls mit Ihnen freuen, und wie Sie mit ihnen zusammen Ihre wunderbare Fähigkeit feiern.

Übung: Fühlen Sie sich und Ihre Fähigkeiten wachsen

Wenn Sie sich nun noch einmal richtig spüren wollen als das Schatzkästchen, das Sie sind, angefüllt mit all den wunderbaren Fähigkeiten und Talenten, so legen Sie sich nun für einen Moment auf den Boden und schließen die Augen. Spüren Sie, wie Sie, zusammen mit all Ihren inneren Perlen, zu wachsen beginnen. Zuerst fangen Ihre Finger an zu wachsen, dann Ihre Hände, Ihre Arme, Ihre Füße, die Beine, Ihr Hals, Ihr Kopf, Ihr Ober- und Ihr Unterkörper. Fühlen Sie, wie Ihr ganzer Körper zu wachsen beginnt und langsam immer größer und größer wird.

Nun stehen Sie mit geschlossenen Augen auf und werden auch hierbei immer größer und größer. Ihr Wachsen endet, wenn Sie Ihre wahre Größe erreicht haben, die Größe, bei der Sie gerade noch festen Bodenkontakt haben. Öffnen Sie jetzt Ihre Augen ein wenig und verharren Sie in Ihrer Größe, bis Sie sie vollständig wahr- und annehmen können. Gehen Sie in Ihrer vollen Größe durch den Raum und spüren, wie es sich geht und bewegt in all Ihrer wahren Größe. Lassen Sie sich Zeit!

Viel Freude und Vergnügen!

4. Wie der Gegenteiler Ihren Humor fördert und belebt

Was ist eigentlich Humor?

Das Lachen und der Humor gelten unter anderem auch als die ältesten Heilmittel der Welt. Was aber ist Humor?

Für mich selbst bedeutet Humor eine heitere und gelassene Weltsicht, die das Über-sich-selbst-Lachenkönnen beinhaltet. Echter Humor bleibt stets respektvoll und liebevoll. Er wirkt heilend, verbindend und versöhnend. Zynismus und Sarkasmus gehören meiner Ansicht nach nicht dazu, denn sie können verletzend sein. Humor trägt dazu bei, eine Situation der Verschlossenheit in eine Atmosphäre der Wärme, Offenheit und gegenseitigen Wertschätzung zu verwandeln. Somit zählt Humor zu unseren wichtigsten sozialen und emotionalen Kompetenzen und ist eine der wesentlichen Schlüsselqualifikationen für ein menschliches Miteinander, unverzichtbar für echte Beziehungsfähigkeit.

Wie die Welt und die Geschichte den Humor betrachtet

Bereits seit Anbeginn der Menschheit ist Humor fester Bestandteil der Kommunikation und der Therapie in allen Kulturen. So hat fast jede Kultur ihr eigenes Sprichwort dazu.

Die Italiener sagen zum Beispiel: »Lachen macht gutes Blut.« Die Inder vertreten die Auffassung: »Der beste Arzt lebt in dir und lacht.« Ein Chinesisches Sprichwort lautet: »Eine Minute, die man lacht, verlängert das Leben um eine Stunde.« Und die australischen Ureinwohner sagen: »Der Humor und das Lachen ist so wichtig für unser Wohlbefinden, dass du niemals schlafen gehen solltest, bevor du nicht einmal am Tag gelacht und Freude empfunden hast. Falls nicht, so stehe ganz schnell wieder auf und suche dir etwas, worüber du lachen und glücklich sein kannst.«

Bei vielen Indianervölkern ist das Lachen ein sehr bedeutendes Ereignis im Leben eines Menschen, denn erst, nachdem der kleine Hopi, Azteke, Cheyenne oder Apache zum ersten Mal gelacht hat, gilt er als vollständiger Mensch, und erst dann erhält er seinen Namen.

Noch bevor der Mensch sprechen lernt, beginnt er zu lachen. Das erste Lächeln eines Kindes erscheint bereits zwischen der 5. und 6. Lebenswoche, das laute Lachen mit etwa vier Monaten. Allgemein lachen Kinder bis zu 400 Mal am Tag. Den Erwachsenen scheint das Lachen wohl im Laufe ihres Lebens ein wenig verloren zu gehen, denn sie bringen es heutzutage nicht einmal auf 20 Lacher. Laut Studienergebnissen lacht ein Deutscher rund sechs Minuten am Tag. Woran mag das wohl liegen?

Der Glaube an die Heilkraft des Lachens herrschte in Europa bis ins späte 19. Jahrhundert vor. So schreibt ein Arzt im Mittelalter: »Der Patient sollte alle Sorge und Traurigkeit vermeiden. Bereite ihm Freude und Vergnügen mit all der Hilfe, die er schätzt.« Henri de Mondeville, ein Chirurg des 13. Jahrhunderts, stellte fest, dass Lachen eine schnellere Heilung und Erholung nach Operationen herbeiführte. Und Voltaire schrieb, dass die Medizin den Patienten in heiterer Stimmung halten solle, während die Natur ihn heilt (dieses Zitat erwähne ich übrigens besonders gerne bei Vorträgen auf Ärztekongressen).

Im Zuge der Industrialisierung und der Verwissenschaftlichung der Medizin ging dieses Wissen und das Interesse am Humor weitgehend verloren. Doch inzwischen hat der Humor sogar einen eigenen Wissenschaftszweig, die Gelotologie, die Wissenschaft des Lachens. Dank der Humorforscher ist die Humortherapie auf Grund ihrer nunmehr wissenschaftlich erwiesenen heilsamen Wirkung weltweit wieder salonfähig geworden. So bringen zum Beispiel heute Klinikclowns Farbe und humorvolle Aufmunterung zu großen und kleinen Patienten in Krankenhäuser und Altenheime. In manchen europäischen Ländern (zum Beispiel: England, Italien, Frankreich, Belgien, Skandinavien) ist diese Therapieform sogar mittlerweile Bestandteil der normalen Krankenkassenleistung.

Wie Humor Ihre Gesundheit fördert

Ein paar positive Wirkungen des Humors auf die Gesundheit möchte ich Ihnen natürlich nicht vorenthalten. Kontrollierte Studien haben gezeigt, dass Humor und Lachen in der Lage sind, über die körpereigene »Glückshormon«-Produktion das Immunsystem zu stärken. Wir wissen heute, dass humorvolle Menschen ein weitaus stabileres Immunsystem haben, deutlich seltener erkranken und eine im Durchschnitt fünf Jahre längere Lebenserwartung haben als Menschen, denen der Humor abhandengekommen ist. Doch man kann ihn ja erfreulicherweise wiederfinden, den Humor!

Beim Lachen werden die rechte und linke Hirnhälfte miteinander verbunden. Es konnte nachgewiesen werden, dass ein intensives Lächeln die Durchblutung des Gehirns fördert und Stresssymptome gemildert werden. Sobald die Mundwinkel nach oben gezogen werden, wird im Gehirn die Botschaft der Freude aktiviert – der Mensch fühlt sich gleichzeitig stark und kompetent. Wenn man lacht, distanziert man sich vom Ernst des Lebens. Das Lachen in Stresssituationen senkt Angstsymptome, der Optimismus wird gestärkt, inneres Wohlbefinden breitet sich aus und man fühlt sich befreit.

Nach einer Minute Lachen fühlen wir uns so gestärkt wie nach einem fünfundvierzigminütigen Entspannungstraining. Beim Lachen lockern sich nicht nur die Gesichtsmuskeln, auch die Gedankenmuster werden frischer und leichter – wir sind zufriedener, kreativer und spontaner. Die geistige Leistungsfähigkeit verbessert sich, Müdigkeit und Apathie verschwinden.

Lachen bewirkt eine Entspannung der Muskulatur und des vegetativen Nervensystems. Darüber hinaus wird durch Lachen das Schmerzempfinden herabgesetzt. Schmerz wird so als weniger belastend empfunden und kann, zumindest für eine Weile, in den Hintergrund treten.

Forscher fanden auch heraus, dass Optimisten ein um dreiundzwanzig Prozent geringeres Risiko haben, an einem Herzinfarkt zu erkranken, da Humor und Lachen den Herzmuskel und die Innenwände der Blutgefäße deutlich schützen.

Außerdem verbessert der Humor in nahezu allen Bereichen die Kommunikation, sowohl beim Zuhören, in der Gestaltung eigener Angelegenheiten als auch zum Aufbau langfristiger, emotional positiver Beziehungen. Humor ist zu allem der Schlüssel. Umfragen ergaben, dass bei der Partnerwahl sowie für die langfristigen Erfolgsaussichten einer Beziehung der Humor deutlich wichtiger ist als zum Beispiel die Sexualität.

Sie sehen also, Humor und Lachen haben eine Vielzahl von positiven Wirkungen auf Körper, Seele und Geist und fördert bzw. erhält somit die Gesundheit und die Lebensfreude. Und nun die gute Nachricht zuerst: Humor als grundlegende Einstellung ist wieder erlernbar, schließlich haben wir diese Fähigkeit als Kind noch vorrätig gehabt und sehr gerne und häufig gelacht. Damals machten wir uns eben noch nicht so viele Gedanken über unser »anständiges« Benehmen und die Reaktionen unserer Umgebung. Und das Schöne ist: Sie können die humorvolle und positive Lebenseinstellung, sollten Sie diese einmal vergessen oder verlernt haben, wieder entdecken und hervorlocken. Die schlechte Nachricht lautet: Sie müssen etwas dafür tun, am besten mindestens einmal am Tag! Doch es lohnt sich auf jeden Fall! Also fangen Sie am besten gleich mit dem Training an.

Trainieren Sie Ihre Humorfähigkeit

Vieles von dem, was Sie zu einer positiven und humorvollen Lebenseinstellung benötigen, haben Sie in den vorausgehenden Kapiteln bereits erfahren und kennengelernt. Hierzu gehört zum Beispiel *eine gute Wahrnehmung*, das Bewusstsein über die eigenen *Fähigkeiten und Stärken* sowie *Selbstvertrauen*. Machen Sie sich also getrost immer wieder Ihre eigenen Ressourcen bewusst und trainieren Sie sie. Weiterhin wichtig ist eine *präsente Körpersprache* und eine *bewusste Stimme* – daran arbeiten wir noch in den nächsten Kapiteln.

Zum eigenen authentischen Humor zu finden bedeutet nicht, eine aufgesetzte Fröhlichkeit zu trainieren und sich pausenlos kaputtzulachen, sondern Ihrem Herzen zu folgen, Ihr eigenes Wesen ernst zu nehmen, Ihren eigenen Wert anzuerkennen und den von anderen. Lernen Sie, sich selbst als ein großes Geschenk zu betrachten und sich ernst, jedoch nicht allzu wichtig zu nehmen. Hierfür haben Sie bereits mit Ihrer *Quelle der Kraft* eine gute Basis gelegt, ebenso wie mit der Sammlung all Ihrer *wunderbaren Momente und Augenblicke*. Genau so, wie Sie eine Schatzkammer voller ganz besonderer Momente in sich tragen, so haben Sie auch eine Galerie mit humorvollen Augenblicken und Situationen gespeichert.

Übung: Entdecken Sie Ihre innere Humor-Schatztruhe

Nehmen Sie sich doch wieder ein wenig Zeit für sich und halten Sie auch Ihr Schreibzeug bereit. Nun lassen Sie, genauso wie Sie es bereits bei der Suche nach den wunderbaren Momenten getan haben, für eine kleine Weile Ihr Leben wieder im Schnelldurchlauf vor Ihrem geistigen Auge vorüberziehen und erinnern sich an all die komischen und heiteren Situationen Ihres Privat- und/oder Berufslebens. Gemeint sind Situationen, in denen Sie von Herzen lächeln oder lachen mussten oder in denen Sie sich über irgendetwas in Ihrem Umfeld oder gar über sich selbst amüsieren konnten. Versetzen Sie sich ruhig noch einmal mit allen Ihren Sinnen in diese Situationen hinein und kosten Sie sie nach Lust und Laune und solange Sie mögen aus.

Was ist es, das Sie amüsiert? Sind es Bewegungen, Gesichtsausdrücke oder bestimmte Wörter? Halten Sie ruhig alles schriftlich fest, was Ihnen ein- und auffällt. So trainieren Sie Ihr Humorgedächtnis.

Übung: Pflegen Sie Ihr Positiv-Tagebuch

Jeder Mensch hat seinen ganz eigenen Humor. Manches von dem, was andere zum Lachen bringt, finden Sie möglicherweise überhaupt nicht komisch und umgekehrt. Wie macht sich Ihr Humor bemerkbar? Was bringt Sie zum Lachen?

Eine Möglichkeit, dies herauszufinden, ist das Festhalten von netten Ereignissen in schriftlicher Form. Wir haben es so perfekt gelernt, uns an Negatives zu erinnern und es jederzeit wieder hervorzuholen. Wenn wir Tagebuch schreiben, so tun wir es meistens dann, wenn es uns schlecht geht. Und wenn wir dann wieder in guter Verfassung sind, denken wir noch nicht einmal daran, auch diesen Umstand schriftlich zu würdigen.

Anstatt ein »Jammer-Tagebuch« zu pflegen, in das Sie alle Missstände des Lebens notieren und Ihrem Selbstbedauern Ausdruck verleihen, können Sie sich auch ein »Positiv-Tagebuch« zulegen und jeden Abend vor dem Zubettgehen den Tag noch einmal Revue passieren lassen und sich auf etwas besinnen, das positiv, erfreulich, lustig, erheiternd oder spaßig war. Auf diese Weise lernen Sie leicht, Humoriges bewusster wahrzunehmen.

Übung: Schärfen Sie Ihren Blick für Situationskomik

Und wenn Sie Ihre Wahrnehmung noch genauer auf Ihre alltäglichen Begebenheiten und Erlebnisse richten, so wird sich schon bald auch Ihr Blick für das Absurde und die Komik in Alltagssituationen schärfen. Gerade dort geschieht so viel unvorhergesehen Komisches, schaffen Sie sich doch am besten gleich eine kleine Sammlung davon an.

Ich selbst amüsiere mich am meisten über die witzigen Momente, die das tägliche Leben beschert. So saß ich zum Beispiel am Morgen vor einem Seminar noch alleine am Frühstückstisch in einem Salzburger Tagungshaus. Jeder Referent hatte ein feines kleines Kärtchen mit seinem Namen auf dem Tisch stehen. Der noch leere Nebentisch wartete auf einen Herrn Fröhlich, der jedoch bald auf der Bildfläche erschien und mit suchendem Blick über so viele Tische den seinen nicht fand.

Die vorbeieilende und mit Kaffeekannen beladene Serviererin schaute ihn an und fragte sehr unfreundlich und in feinstem Österreicher Dialekt: »Wolln's aan Kaffäääää?« Der Herr, offenbar auch Deutscher und daher dieses Idioms nicht mächtig, stellte sich daraufhin vor: »Fröhlich!« Die Bedienung nahm diesen Ausspruch nun wörtlich, verrenkte ihren Körper hin zu einer fröhlicheren Form, hob ihre Stimme freudig an und sang dann: »Wollen's aaaaaaaan Kaffäääääääää?« Dieses Spiel ging noch ein wenig so weiter, und glücklicherweise fand Herr Fröhlich dann doch bald seinen Tisch. Ich selbst saß vor lauter Amüsement fast schon unter dem meinigen.

Ja, Sie sehen, solche Geschichten kann uns nur das alltägliche Leben bescheren.

Übung: Amüsieren Sie sich über Ihre eigenen Schattenseiten

Selbstverständlich können Sie sich auch über Ihre eigenen Schattenseiten lustig machen, anstatt sie ständig zu beklagen. Trauen Sie sich ruhig, Ihre eigene Person zum Anlass einer humorvollen Betrachtung zu nehmen. Fragen Sie sich doch zum Beispiel einmal, ob nicht gerade in diesem Moment etwas Humorvolles mit Ihnen selbst oder in Ihrer unmittelbaren Umgebung passiert. Wir alle sind ja in gewisser Weise anders, sehr besonders und nicht immer der Norm entsprechend. Wo sehen Sie sich selbst als anders oder ungewöhnlich an? Seien Sie stolz auf Ihre Abweichung von der sogenannten Normalität und machen Sie doch einfach einmal damit Werbung! Vielleicht ist es Ihre Schüchternheit, die Sie oftmals hemmt? Oder Sie werden schnell rot in der Öffentlichkeit? Wie viele lustige Versprecher passieren Ihnen am Tag? Dann nichts wie los und posaunen Sie es heraus. Treten Sie getrost die Flucht nach vorne an!

Bis zum heutigen Tage empfinde ich vor Auftritten, Vorträgen oder Management-Trainings mit unbekannten Teilnehmern eine ordentliche Portion Nervosität, auch Lampenfieber genannt. So merke ich beispielsweise, dass meine Stimme noch etwas wacklig und belegt klingt. Hier habe ich es mir angewöhnt, es gleich auch vor versammeltem Publikum anzusprechen und zu erklären: »Meine Damen und Herren, entschuldigen Sie bitte meine dünne Stimme, ich bin ein wenig aufgeregt, doch das legt sich gleich wieder.« Daraufhin müssen alle lachen, und sie entspannen sich ebenfalls. Mir selbst ist mit dem Aussprechen meines Zustandes sofort wohler, ich bin wieder ruhig und kann getrost mit der

Arbeit beginnen. Sehr häufig bekomme ich sogar positives Feedback auf dieses Offensivverhalten. Besonders von Männern in gehobenen Positionen erhalte ich oftmals eine große Anerkennung für so viel Ehrlichkeit, sie selbst hätten es sich nie getraut, solch eine Unsicherheit laut zuzugeben. Also trauen Sie sich auch ruhig und haben Sie Mut zur Offenbarung!

5. Wie der Gegenteiler Ihre Kreativität, Ihre Spielfreude und Ihre Leichtigkeit fördert und lebendig werden lässt

Was bedeutet eigentlich Kreativität?

Jeder Mensch ist auf seine ganz eigene Art und Weise ein ganz einzigartiges Wesen, das sich von allen anderen durch seine unzähligen Talente und Begabungen, die ihn als Individuum ausmachen, auszeichnet. Eine der größten menschlichen Fähigkeiten ist die Kreativität. Dank ihrer können wir Neues erschaffen und uns so immer wieder eine neue Sinnhaftigkeit im Leben geben. So sitzen wir vielleicht gerade da und grübeln über eine bestimmte Angelegenheit nach, und plötzlich tauchen Gedankengeistesblitze auf und bringen uns dazu, eine neue Richtung einzuschlagen oder etwas ganz Neues auszuprobieren. Manchmal trauen wir uns auch, einfach drauflloszuspinnen oder in den Tag hinein zu träumen, und auf einmal haben wir eine neue Idee, die wir am liebsten sofort umsetzen möchten. Kreativität taucht überall dort auf, wo es gilt, neue Wege einzuschlagen, etwas zu verändern, zum Beispiel bei der Findung von Lösungen privater und beruflicher Probleme, bei der Planung des nächsten Urlaubs oder Umzuges, bei der Entwicklung von neuen Dingen, bei der Gestaltung von Räumen oder bei der Planung einer Einladung, eines feierlichen Essens oder eines besonderen Festes.

Kreativität muss allerdings auch nicht unbedingt vollkommen Neues schaffen, manchmal kann auch durch die Verknüpfung bereits altbekannter und vertrauter Dinge etwas anderes, Neues geboren werden.

Wie wirkt Kreativitäts-Förderung? – Ein kleiner Ausflug in die Hirnforschung

In unserem vernünftigen Erwachsenendasein nehmen wir uns leider viel zu wenig Zeit, kreativ zu sein. Bereits in der Schule wurde ja schon viel mehr Wert darauf gelegt, unsere Aufgaben dem Lehrplan entsprechend akkurat zu lösen. Kreativität war hier sogar oftmals unerwünscht, mit Ausnahme der musischen Fächer. Doch auch hier stand das kognitive Lernen häufig im Vordergrund. In der westlichen Gesellschaft wird sehr viel Betonung auf logisches Denken gelegt, also auf die Leistung unserer linken Gehirnhälfte.

Kreativität aber hat hauptsächlich ihren Sitz in der rechten Gehirnhemisphäre und steht in direktem Kontakt zu unserem »Bauchgehirn«, also unserer emotionalen Intelligenz und Kompetenz. Durch die hohe Bewertung unserer kognitiven Fähigkeiten geht das Wissen und auch das Können unserer kreativen Fähigkeiten leider im Laufe des Lebens ein wenig verloren, zumal wir sie meistens auch nicht ständig trainieren. Wenn wir Menschen uns jedoch kreativ fördern, werden in unserem Gehirn enorm viele Vernetzungen gebildet, unsere emotionale Intelligenz und Kompetenz wachsen, und kreative Lösungen lassen sich wieder leichter finden.

Dazu gibt es ein wunderbares Beispiel eines von mir sehr wertgeschätzten Neurowissenschaftlers, dem brasilianischen

Neuroanatomen Nelson Annunciato. Er hat zunächst an Tieren getestet, wie sich die Förderung von Kreativität auswirkt. Hierzu hat er zwei Gruppen von Ratten zusammengestellt, eine wurde kreativ gefördert mit Spielen und anderen netten Aktivitäten, die andere Gruppe hatte nichts zu tun und musste sich langweilen. Nach einiger Zeit wurden dann kleine Experimente mit beiden Gruppen durchgeführt. Bei einem dieser Tests wurde zum Beispiel ein kleines Holzlabyrinth aufgestellt, und die Forscher schauten sich die Reaktionen der Ratten an. Die Gelangweilten saßen einfach nur träge vor diesem merkwürdigen Ding und hatten offenbar keine Ahnung, was sie damit tun sollten. Die kreativ Geförderten dagegen ließen sich alles Mögliche einfallen, um diese Aufgabe zu lösen. So spuckte eine Ratte Getreidekörnchen vor sich her, um sich den Weg durchs Labyrinth zu markieren. Eine andere nahm einen roten Wollfaden mit, und eine dritte fand das alles zu umständlich und nagte sich flugs einen direkten Weg hindurch.

Im Anschluss an das Experiment wollten die Forscher wissen, schließlich sind es ja Neuroanatomen, was die kreative Förderung im Gehirn so alles bewirkt hat. So mussten leider einige Tiere ihr Leben lassen. Und siehe da, tatsächlich gab es im Gehirn der kreativen Ratten unzählige Verknüpfungen von Nervenverbindungen. Bei den Gelangweilten dagegen herrschte große Leere vor. Um fair zu sein, förderte man im Anschluss auch die vormals gelangweilten Ratten, und auch bei ihnen konnte man nach kurzer Zeit eine deutliche Zunahme von Nervenzellverknüpfungen feststellen.

Danach erforschten die Hirnwissenschaftler nun auch die Auswirkungen der kreativen Förderung bei Kindern und Erwachsenen, hier vor allem bei betagten Menschen mit beginnender oder bereits bestehender Demenz. Und auch bei den menschlichen Wesen konnte man sehr schnell nachweisen (allerdings hier verständlicherweise und auch aus ethischen Gründen ohne unmittelbares Nachschauen im Gehirn), dass die Förderung von Kreativität eine deutliche Zunahme von Fähigkeiten bewirkt, selbst bei den Personen, bei denen zuvor bereits eine Abnahme ihrer Gedächtnisleistung beobachtet worden war.

Oh, Ja! Sie sind ein kreativer Mensch

Auch viele Ihrer Fähigkeiten sind Ihnen bereits bewusst und werden von Ihnen in die Welt getragen. Sind Sie denn deshalb kreativ? Viele Menschen behaupten ja standhaft von sich, überhaupt nicht schöpferisch zu sein, da sie irrtümlicherweise Kreativität für ein Privileg und die Besonderheit von Künstlern wie zum Beispiel Komponisten, Schauspielern, Tänzern, Clowns, Malern, Bildhauern, Architekten, Grafikern, Floristen, Erfindern oder Artisten halten. Doch das ist tatsächlich ein Irrglaube, das kann ich Ihnen guten Gewissens versichern. Kreativität ist in jedem von uns angelegt, auch in Ihnen! Jawohl, genau!

Vielleicht können Sie sich noch daran erinnern, wie Sie als Kind gespielt haben und dabei die Zeit völlig vergaßen? Ihre Vorstellungskraft kannte kaum Grenzen und Sie konnten vielleicht sogar in Traumwelten abtauchen. Sehr wahrscheinlich konnten Sie sich auch in phantastischen Spielen vergessen, wenn Sie mit sich alleine waren oder auch mit anderen Kindern zusammen spielten. Vielleicht konnten Sie auch stundenlang Knetmasse zu wunderlichen Figuren formen, mit Holz- oder Kunststoffklötzchen großartige Bauwerke errichten, mit Sand stolze Burgen bauen und Staudämme erschaffen oder auch eifrig mit Farben bunte Bilder malen.

Ich erinnere mich noch gut daran, wie ich im Alter von vier Jahren mit dem Schulranzen meiner Mutter, den ich auch dem Dachboden fand, ein kleines Stück die Straße entlanggging bis zur nächsten Ecke. Verwundert fragte mich eine Nachbarin, ob ich denn schon zur Schule ginge, was ich stolz bejahte und es in diesem Moment auch wirklich fest glaubte. Ich verbarg mich dann hinter einem Gebüsch und wartete eine für mich unglaublich lange Weile. Danach machte ich mich auf den Rückweg, traf unglücklicherweise wieder auf dieselbe Nachbarin und erzählte ihr dann, die Schule sei heute etwas früher zu Ende und ich hätte nun frei. Auch das glaubte ich tief, und ich machte dann anschließend tatsächlich »Hausaufgaben«, die ich mir selber stellte und auf eine ebenfalls gefundene Schiefertafel aufmalte. Danach hatte ich das wunderbare Gefühl, etwas Großartiges geleistet zu haben.

Gönnen doch auch Sie sich eine kleine Gedankenreise zu all Ihren kindlichen Vorstellungswelten. Ich bin sicher, Sie werden sich an viele Dinge und Situationen erinnern, die Sie als kleiner Mensch bereits kreativ gestalten konnten.

Fördern Sie Ihre Kreativität und Ihren Ideenreichtum

Wir sind ja so wunderbare Gewohnheitswesen und lösen gerne bestimmte Aufgaben oder Situationen mit demselben Verhalten oder auf die immer gleiche Weise. Und dabei vergessen wir so häufig, dass wir immer die Wahl haben zwischen zahlreichen Varianten. Wie oft kommen wir gar nicht auf die Idee, es einmal anders zu versuchen und auch in andere Bereiche unseres Lebens zu schauen. Sehr wahrscheinlich ist uns eine Fähigkeit vertraut, die wir in unserer Freizeit, beim Sport oder im Urlaub spielend beherrschen und die uns dort ganz leichtfällt. Doch es würde uns kaum einfallen, sie auch einmal im Arbeitsleben anzuwenden, obwohl wir sie nur etwas abzuwandeln bräuchten.

Unser eingefahrenes Denken hält uns oftmals davon ab, die bereitstehende Weiche zu betreten, das Gleis zu verlassen und neugierig einen neuen Weg zu beschreiten, um so andere Möglichkeiten, Chancen und Lösungen zu erkennen und zu finden. Doch wenn wir erst einmal eine neue Möglichkeit gefunden haben, so tun sich gleich noch mehrere auf. Also nichts wie los! Trauen Sie sich und geben Sie sich die Erlaubnis, einfach mal drauflos zu spinnen und Ihren Ideen freien Lauf zu lassen.

Bevor wir nun so richtig loslegen, möchte ich zunächst noch eine kleine Anmerkung loswerden: Der Gegenteiler kann ohne Kreativität nicht leben, denn ohne sie wäre er ohne Leichtigkeit, Farbe und Humor. Er könnte andere Menschen nicht aufmuntern, ermutigen oder zum Lachen bringen. Deshalb dient das gesamte vorliegende Buch dazu, Ihnen einen kreativeren Umgang mit dem Alltäglichen und Besonderen zu zeigen. Ich möchte hier jetzt auch nicht auf einzelne Kreativitätstechniken eingehen, dazu gibt es inzwischen auf dem Buchmarkt genügend Spezialliteratur. Mein Ziel ist es, Ihnen auch in diesem Kapitel den spielerischen Umgang des Gegenteilers mit den verschiedenen Situationen nahezubringen.

Wie schon erwähnt, sind Sie bereits überaus kreativ, doch Sie können natürlich Ihr kreatives Potenzial jederzeit noch steigern. Dazu haben Sie, wenn Sie die vorhergehenden Kapitel bereits gelesen und einiges davon auch schon geübt haben, bereits einige wichtige Grundsteine gelegt. So ist *eine gut geschulte Wahrnehmung* für die Kreativität genauso unabdingbar wie das *Training der Vorstellungskraft,* das *Wissen über die eigenen Fähigkeiten und Talente* und die *humorvolle Einstellung zum Leben.* Sie sehen also, Sie haben bereits mit der Schulung Ihrer Kreativität begonnen und die besten Voraussetzungen, sie noch weiter zu trainieren und zu fördern.

Das regelmäßige Training der kreativen Potenziale schult Ihre Imaginationsfähigkeit, Ihre Assoziationskraft, Ihre intellektuellen und kognitiven Fähigkeiten wie die Konzentration, das Erinnerungsvermögen, das Lernen, Argumentieren und Orientieren. Ebenfalls stärken sich Ihr Mut und Ihre Lust, alte Pfade zu verlassen und Neues auszuprobieren, sowie die Fähigkeit, Probleme zu lösen.

Gönnen Sie Ihrem Verstand kleine Pausen

Und hier noch ein kleiner Gegenteiler-Tipp für alle spielerischen Übungen: Schalten Sie Ihren Verstand am besten immer gleich zu Beginn aller gegenteilerischen Trainingseinheiten auf Standby-Betrieb. Im zweiten Kapitel haben Sie ja bereits gelernt, wie Sie Ihren Kopf mal ausschalten können. Auch für Ihre Kreativität kann das sehr von Nutzen sein. Unser Verstand neigt ja sehr gerne dazu, sich einzumischen und uns von ungewöhnlichen und neuen Verhaltensmöglichkeiten abzuhalten. Und da er liebend gerne Aufmerksamkeit erhält, kann es sinnvoll sein, eine kleine Ansprache an ihn zu richten. So fühlt er sich wertgeschätzt und muss keine Sorge haben, vernachlässigt zu werden.

Übung: Legen Sie sich einen Ideen-Pool zu

Das schriftliche Festhalten von eingehender Ideenpost ist eine gute alte und bewährte Methode, die doch immer wieder leicht in Vergessenheit gerät. Deshalb tragen Sie doch am besten immer ein kleines Gedankenspiel-Büchlein bei sich, in das Sie alle Ihre Beobachtungen, sonstigen Wahrnehmungen und Einfälle jederzeit notieren können. Natürlich kann es auch ein Laptop sein, ein modernes Telefon, ein Diktiergerät oder eine andere Apparatur, in die Sie ihre Geistesblitze eingeben können. Allerdings belebt und stärkt das gute alte Handgeschriebene sowohl Körper, Geist und Kreativität stärker als das Elektronische. Sie schreiben per Hand Ihre Gedanken direkt in Ihren bewussten und unbewussten körpereigenen Datenspeicher und diese bleiben auf diese Weise besser haften als auf andere Art.

Und wenn Sie dann zu der ein oder anderen Gedankensammlung gekommen sind und Ihr Büchlein sich gefüllt hat, dann scheuen Sie sich nicht, mit Menschen Ihres Vertrauens oder auch vollkommen Fremden darüber zu sprechen. Vergessen Sie einfach Ihren Hang zum Perfektionismus und reden Sie einfach mal drauflos und ins Unreine, was Ihnen zu einer bestimmten Angelegenheit oder einem Projekt alles in den Sinn kam. Möglicherweise ordnet sich dann schon beim Aussprechen all Ihrer Gedankenfragmente das Chaos, und es lassen sich bereits einige Strukturen und Wege erkennen, die dann begehbar und umsetzbar sind. Und während Sie mit anderen Menschen reden und laut nachdenken, quasi Ihr Erdachtes veröffentlichen, werden nicht nur Ihre grauen Zellen im Gehirn angeregt, Sie entwickeln auch sehr schnell wieder neue Ideen und bekommen dafür gleich Rückmeldungen, die Sie möglicherweise erneut auf Einfälle bringen.

Übung: Bringen Sie Ihren Körper in Fluss

Um Ihre Kreativität in Schwung zu bringen, macht es auch Sinn, Ihrem Körper ein wenig Bewegung zu gönnen. Körperliche Aktivität kann Sie bei der Ideenfindung unterstützen, besonders bevor Sie sich an Übungen wagen, die Ihre kreativen Talente anregen wollen.

Wählen Sie sich doch gleich eine kraftvolle Musik aus, zu der Sie sich gerne und frei im Raum bewegen möchten, zum Beispiel rhythmische Trommelmusik. Nun schließen Sie die Augen und spüren sich ganz in den Rhythmus der Musik hinein. Nehmen Sie zuerst einmal nur wahr, wie sich Ihr Körper anfühlt und auf welche Art und Weise Sie den Rhythmus wahrnehmen können. Und dann beginnen Sie, Ihren Körper zum Rhythmus der Musik zu bewegen. Lassen Sie ruhig alle gezielten und bewusst eingesetzten Bewegungen weg und lassen Sie Ihren Körper von ganz alleine den Rhythmus finden.

Während Sie sich immer weiter bewegen, lenken Sie nun Ihre Aufmerksamkeit in Ihre Hände und nehmen den Rhythmus mit Ihren Fingern und Händen auf – dann gehen Sie mit Ihrer Aufmerksamkeit weiter zu Ihren Ellenbogen –, nun nehmen Sie den Rhythmus mit Ihren Schultern auf, rechts und links – dann sanft mit dem Kopf – mit Ihrem Brustkorb – mit dem Bauch – den Hüften – dem Gesäß – den Knien – den Zehenspitzen – und den Fersen. Und wenn Sie alle Ihre Körperteile einzeln den Rhythmus der Musik haben spüren lassen, so lassen Sie nun Ihren gesamten Körper die Bewegung finden, die Ihnen im Moment gerade am besten wohltut. Nehmen Sie den Rhythmus wahr und lassen Sie Ihren Körper in Fluss kommen, ihn sich zur Musik bewegen und sich ganz von der Bewegung erfüllen. Viel Vergnügen!

Übung: Entdecken Sie Ihre spielerische Seite

Gönnen Sie sich doch noch einmal ein wenig Zeit für sich und gestatten sich eine Ruhepause. Es kann auch hilfreich sein, Ihr Schreibzeug bereitzulegen und wenn sie mögen, Ihre Malsachen.

Was bedeutet für Sie Spiel, Leichtigkeit, spielen, spielerisch sein, verspielt sein, voller spielerischer Leichtigkeit sein? Was bedeutet es für Sie als erwachsener Mensch?

Zu irgendeinem Zeitpunkt in Ihrem Leben waren Sie schon einmal spielerisch leicht erfolgreich. Erinnern Sie sich an Ihre Quelle der Kraft und an all Ihre wunderbaren Augenblicke. Es gab diese Momente, in denen Sie sich sehr gut gefühlt haben, lebendig, vollständig und glücklich.

Nun schließen Sie entspannt die Augen und erinnern Sie sich an eine Situation, die leicht und spielerisch war und die Ihnen Freude und Spaß gemacht hat. Sehen Sie sich selbst in dieser Situation und machen Sie sich bewusst, wo Sie sind und wer mit Ihnen ist. Sind Sie mit sich alleine oder mit anderen zusammen? Wie sind Sie gekleidet? Und wie sieht Ihre Umgebung aus – was alles ist um Sie herum? Welche Farben und Formen? Welche Dinge und Gegenstände? Wie ist das Licht – hell oder dunkel? Wie ist die Temperatur – warm, kühl oder kalt?

Erzählen Sie sich selbst, was Sie sehen, und hören Sie sich und Ihre Stimme dabei, während Sie sich die Situation beschreiben.

Erleben Sie sich in dieser spielerischen Situation und

erleben Sie noch einmal mit der Gesamtheit Ihrer Sinne all die positiven Gefühle, die damit verbunden sind. Wie fühlt sich Ihr Körper an, wenn Sie diese Erfahrung spüren?

Und: Wie haben Sie das gemacht, so spielerisch zu sein? Schreiben Sie sich alle Zutaten auf, damit sie Ihnen nicht verloren gehen. Wiederholen Sie diese Schritte ruhig noch mit drei oder fünf weiteren spielerischen Situationen, die Sie erlebt haben, und sammeln sie die dazugehörigen Zutaten.

Wenn Sie nun noch einmal alle Situationen für sich durchspielen – finden Sie etwas, das bei allen gleich ist? Gibt es ein gemeinsames Element oder auch mehrere Komponenten, die für Sie eine spielerische Situation ausmachen? Bitte notieren Sie es sich. Und dann sehen Sie sich nun noch einmal dabei zu, wie Sie sich in allen spielerischen Situationen mit den gemeinsamen Elementen erleben. Hören Sie sich selbst zu, wie Sie beschreiben, was Sie sehen. Wie fühlen Sie sich? Schauen, hören und spüren Sie noch einmal genau hin.

Und wie können Sie die einzelnen Schritte und Zutaten Ihres Spielerischseins in Ihr jetziges Leben übertragen?

Und nun sehen Sie sich selbst in einer zukünftigen Situation diese spielerischen Zutaten anwenden. Was verändert sich dadurch in Ihrem Leben?

Übung: Assoziieren Sie mit der Alphabet-Kette

Im Clown-Training und im Improvisationstheater gehören Assoziationsübungen zum Aufwärm-Standardprogramm. Diese Form des Brainstormings befreit den Kopf wunderbar von Ballast und trainiert enorm die Spontaneität, die ja für beide Bereiche so enorm wichtig ist.

Eine Möglichkeit, mit positiven Wörtern zu spielen, ist die Alphabet-Kette. Schreiben Sie dazu auf einem Blatt Papier das Alphabet Buchstabe für Buchstabe am linken Blattrand untereinander auf. Dann schreiben Sie zum jeweiligen Buchstaben alle positiven Wörter auf, die mit demselben Buchstaben beginnen, zum Beispiel beim Buchstaben **A**: Anmut, Alabaster, Arche Noah, Anemone … Fahren Sie auf diese Weise mit jedem Buchstaben fort, bis Sie bei Z angekommen sind. Wenn Sie dann so richtig in Schwung gekommen sind, können Sie auch gleich die Wörter eines Buchstabens zu einem Satz formen, zum Beispiel beim Buchstaben **A**: »Auf der Arche Noah lagerte die alabasterfarbige Anemone mit Anmut«.

Natürlich müssen Sie die Alphabet-Kette nicht an einem Stück hintereinanderweg erarbeiten; sobald es Ihnen zu anstrengend oder zu langweilig wird, hören Sie gleich damit auf. Denken Sie immer daran: Der Gegenteiler geht liebevoll mit sich um und plagt sich nicht gern! Setzen Sie sich bei allen Assoziationsübungen auf keinen Fall unter Druck und lassen Sie sich Zeit für diese Übungen.

Übung: Stellen Sie sich grandiose Ereignisse vor

Spinnen Sie doch nun einmal drauflos und stellen sich die Frage: »Was wäre, wenn …?« Beispiel: »Was wäre, wenn ich ein eigenes Traumhaus hätte?« Oder: »Was wäre, wenn ich am Meer leben könnte?« Oder: »Was wäre, wenn ich 107 Jahre alt wäre, topfit und frisch verliebt?« Oder: »Was wäre, wenn ich mir meinen allergrößten Wunsch erfüllen könnte?«

Beenden Sie die Frage ganz nach Belieben und Ihren Wünschen, mit der Realität und gegebenen Tatsachen muss es wirklich nichts zu tun haben. Und dann schreiben Sie völlig unzensiert alles auf, was Ihnen einfällt. Ihre Phantasie wird auf diese Weise angeregt und vielleicht können Sie sogar durch neue, ungewöhnliche Ideen Ihre Zukunft schon ein wenig näherrücken lassen.

Übung: Wenn Sie gerne weiterspielen möchten: Erproben Sie sich im Clownspiel und Improvisationstheater

Wenn Sie nun Spaß an der Assoziation gefunden haben und Sie gerne auch mit anderen zusammen weiter auf diese Weise spielen und üben möchten, so bietet sowohl das Clownspiel als auch das Improvisationstheater eine herrliche Möglichkeiten zur Weiterentwicklung. Mittlerweile gibt es auch außerhalb von professionellen Theatergruppen eine große Auswahl an offenen Seminaren, in denen Sie diese Metiers ausprobieren können. Mit anderen zusammen vergrößert sich die Spielfreude noch, und es sind darüber hinaus noch viele andere Übungsmöglichkeiten realisierbar.

Sehr häufig haben wir Angst davor, Fehler zu machen

oder gar die Kontrolle zu verlieren, vor allem in Situationen, in denen wir auf gar keinen Fall versagen wollen, zum Beispiel beim ersten Date, im Vorstellungsgespräch, beim Halten eines Vortrages oder bei der Gehaltsverhandlung.

Beide Genres können Ihnen dazu verhelfen, Ihren Blickwinkel noch mehr zu erweitern, Ihre Experimentierlust anzuregen und Ihre Kreativität mit Leichtigkeit zu fördern. Durch das Spiel mit den gegenteilerischen Elementen werden gedankliche Grenzen gesprengt. Alltägliches Rollenverhalten wird deutlicher, die Ressourcen aller werden genutzt und verblüffende, positive Lösungen tun sich auf. Das Entdecken neuer Möglichkeiten, die Flexibilität, Fähigkeiten und Talente werden gefördert. Es ist ein Ausbruch aus der Routine, und dieser regt die Lust auf Veränderung an. Barrieren und Ängste, zum Beispiel vor dem Auftreten und Sprechen in aller Öffentlichkeit, bauen sich ab. Bei beiden Formen, sowohl beim Clown-Spiel als auch beim Improvisationstheater, sind Spontaneität, Leichtigkeit, Freude und Authentizität eines der wichtigen Ziele. Im Spiel entsteht auf jeden Fall eine positive Stimmung, die wiederum positive Erfahrungen, auch auf einer tieferen Ebene, ermöglicht.

Viel Erfolg und Vergnügen bei all Ihrem kreativen Tun!

6. Wie der Gegenteiler Probleme in Chancen verwandelt und Ihren Mut zu ungewöhnlichen Lösungen fördert

Der Gegenteiler lebt mit seiner positiven Sicht auf die Welt und das Leben im absoluten Gegenteiler-Positivismus. Er ist grundsätzlich von sich und allem um sich herum begeistert, ja, sogar überaus begeistert. Er lebt, wie Sie ja schon erfahren haben, nach dem Jawohl-Prinzip und empfindet die Welt und die Menschen mit all ihrem Gemach und Ungemach als Freunde. Seine positive Grundstimmung lässt ihn offen sein für all die vielfältigen Möglichkeiten des Lebens.

Und natürlich ist er durch seine Offenheit auch verletzlich. Seine Aufgabe ist es sogar, verletzlich zu sein, denn sonst könnte er nicht für all das Wunderbare dieser Welt empfänglich sein. So können auch all die Katastrophen, denen er begegnet, trotz seines Positivismus nicht ausgeklammert werden. Nur isoliert in der Farbe Rosa zu schweben würde sein Leben auch langweilig machen. Also braucht auch er ein wenig dunkle Färbung, um auch in solchen Fällen alles intensiv zu spüren. Für ihn ist das Leben erst dann richtig gut gewürzt, wenn er die Geschmacksrichtungen Bitter und Süß in einem guten Verhältnis mischt.

Der Gegenteiler stolpert so manches Mal durch das Leben und zieht vermeintliche Missgeschicke mit geradezu magischer Energie an. Das macht für ihn den Reiz aus. Doch geschieht all das aus seiner positiven Grundstimmung heraus, das heißt, all sein Leid geschieht auf einem sicheren Fundament. Alles Bittere passiert stets auf einem süßen Grund. Ihm dürfen alle Unglücke der Welt geschehen, doch sie passieren ihm immer und unbedingt an einem wunderschönen Tag. Und: Für den Gegenteiler ist immer ein wunderschöner Tag!

Für den Gegenteiler ist es unabdingbar, sich ständig mit sich und seiner Einstellung zur Welt auseinanderzusetzen, damit seine innere Sonne wieder blank geputzt scheinen und ungetrübt erstrahlen kann. Der Gegenteiler verbirgt nichts, er offenbart. Für diese Ehrlichkeit wird er geliebt. Zeigt er seine Gefühle, so ist es, als würde sich die Distanz zwischen ihm und den Menschen auflösen, als würde er alle mit seinen Träumen, Freuden und Sorgen berühren. Gegenteiler sträuben sich nicht gegen Gefühle. Sie ziehen Gefühle geradezu an. Sein Lebensspiel ist ein stetiges Vollbad im Fluss der Gefühle.

Wer derartig offen ist und seine Gefühle zeigt, macht sich verletzlich. Doch so viel sei versprochen: Ein ausgiebiges Gefühlsbad kann erfrischend, wohltuend und äußerst belebend wirken. Wehren Sie sich nicht gegen Gefühle. Machen Sie es wie der Gegenteiler: Wenn ein Gefühl anklopft, so lassen Sie es herein, heißen Sie es herzlich willkommen, füttern es mit Emotionsleckereien und lassen es sich für einen Moment richtig breitmachen. Zeigen Sie ruhig allen, dass Sie Besuch von einem Gefühl haben. Und verheimlichen Sie nicht, wie dieser Besuch sich bei Ihnen aufführt!! Das Verheimlichen steigert nämlich nur das unangenehme Gefühl. Wenn es gezeigt wird, ist es gleich halb so arg.

Der Gegenteiler fühlt nicht halb, er fühlt ganz. Und er genießt es, ganz zu fühlen, und erfreut sich an der Intensität. Allerdings zieht er die positiven Emotionen durchaus vor, und sollte sich einmal ein nicht ganz so angenehmes Gefühl und gar ein Problem eingestellt haben, so sorgt er schnell dafür, dass es zu einer glücklichen Lösung kommt, damit er sich wieder ganz den angenehmen Emotionen hingeben kann.

Wir Menschen kommen ja herrlich unerzogen und unzivilisiert auf die Welt. Erst dann lernen wir, dass wir dies nicht tun sollten und jenes schon gar auch nicht. Im Verlauf der Erziehung werden wir mit vielen feinen Zivilisationsregeln ausgestattet. Aus diesen Geboten und Verboten bildet sich dann unser so genanntes Über-Ich. Wie eine Erziehungsoberaufsicht wacht es darüber, dass die Zivilisations- und Verhaltensregeln auch brav eingehalten werden. Passt es einmal nicht auf, kommen sogleich unsere archaischen, neandertalerartigen Anteile wieder zum Vorschein.

Der Gegenteiler lebt auf charmante und humorvolle Weise sein unerzogenes und archaisches Sein. Er kann sich nicht so wirklich benehmen, sondern bricht immer wieder einmal gerne aus anerkannten Regeln und Normen aus, natürlich in aller Wertschätzung und mit einem breiten Schmunzeln. Er benimmt sich, den Maßstäben des kultivierten Umgangs nach, oftmals daneben und ist herrlich ungezogen. Wer ihm zuschaut, kann deswegen einen Blick auf den Boden der menschlichen Seele erhaschen. Und dieser Blick tut gut, weil wir uns von ihm verstanden fühlen – von seinem Zauber, der von ihm ausgeht, und von der Poesie, die ihn umgibt.

Wir Menschen träumen von einem Leben, das leichter, unproblematischer, sorgenfreier ist und das aus sich heraus einen Sinn ergibt. Der Gegenteiler ist eine Antwort auf diese Sehnsucht. Er entführt uns in eine Welt, in der vieles leichter, unproblematischer, sorgenfreier und fröhlicher ist. Es ist eine Welt, in der alles, so wie es ist, grundsätzlich gut ist und in der es keine verzagte Sinnsuche gibt. Der Gegenteiler genügt sich selbst.

Sollte sich nun doch aus Versehen einmal ein Problem in Ihr Leben geschlichen haben, so hält es ja gerne Ihren Blick kaninchenartig auf sich gerichtet. Möglicherweise drehen Sie sich dann in einer Gedankenschleife um sich selbst, das geistige Oberstübchen ist voll gestopft mit Eindrücken und Erinnerungen, doch für den gerade stattfindenden Augenblick ist kein Platz mehr. Um das »Pro-« im »-blem« wieder erkennen und eine Lösung herbeiführen zu können, macht es Sinn, wenn Sie sich rasch wieder der positiven Weltsicht des Gegenteilers widmen. Und dazu können Ihnen ein paar kleine nützliche *Gegenteiler-Tricks* unterstützend zur Seite stehen:

Sagen Sie vollmundig »Ja! Jawohl! Jawohl, genau!« zu sich selbst

Sie haben es ja bereits ganz zu Anfang dieses Büchleins erfahren, doch es wird immer so gerne vergessen: Das »Ja« zu sich selbst wirkt wie ein innerer Motor und hält Sie in Gang. Es füttert Ihre Energie, und schon geht es wieder weiter. Bei einem »Nein« (und dazu neigen wir ja leider in Problemsituationen, vor allem uns selbst gegenüber) schaltet das innere Motörchen ab, und es kostet immer mehr Mühe, den Motor wieder zu starten. »Nein-Sagen« sorgt für die Aufrechterhaltung der unangenehmen Situation und bringt Sie nicht weiter.

Das »Ja« zu sich selbst sorgt auch dafür, dass unerfreuliche Situationen leichter akzeptierbar sind. Wenn Sie zum Beispiel in einem Stau stehen, so ist das nicht zu ändern. Sie können jedoch in solchen Momenten neugierig um sich schauen und die Landschaft, die Sie sonst womöglich gar nicht wahrgenommen hätten, genießen. Sie können auch die Menschen in den anderen Autos betrachten und ihnen vielleicht sogar ein Lächeln schenken.

Natürlich können Sie nicht immer und ewig »Ja« zu allem und jedem sagen. Das brauchen Sie ja auch gar nicht! Es ist schon wunderbar, wenn Sie es zu sich selbst sagen! Sollten Sie einmal etwas nicht tun wollen, so ist ein »Nein« äußerst angebracht. Es ist sehr wichtig, die eigenen Grenzen und die der anderen Menschen zu respektieren und ab und zu im geeigneten Moment ein deutliches »Nein« zu fühlen und auch laut auszusprechen. Allerdings verschafft Ihnen erst das Training des »Ja!« zu Ihnen selbst eine positive Grundstimmung. Das »Ja« zu dieser wundervollen Person, die Sie sind, macht sogar in Ihrem Haupt Platz für neue, großartige Erfahrungen. Und es macht den Blick wieder frei für all die großartigen Möglichkeiten, die da auf Sie warten.

Übung: Bleiben Sie im Hier und Jetzt mit der Zeitraffer-Übung

Auch die folgende Übung stammt aus dem Gegenteiler-Trainingsprogramm. Mit ihrer Hilfe können Sie noch leichter lernen, im Augenblick zu sein, und jeden inneren Kritiker mitsamt jeglichem Kontrollbedürfnis verscheuchen und loslassen. Und bitte erlauben Sie auch jetzt wieder Ihrem Verstand, einen kleinen Kurzurlaub zu machen.

Sie arbeiten jetzt gleich mit einem Zeitraffer. Ihre Bewegungen sind viel zu schnell und Ihre Gesten und Gebärden sehr deutlich und übertrieben. Jawohl, trauen Sie sich nur! Stellen Sie sich einfach einen rückwärts laufenden Film aus der Stummfilmzeit vor. Sollten Sie noch eine sehr flotte Musik finden können, so macht es die Übung noch schöner. Vielleicht finden Sie sogar Musik aus einem Film mit Charlie Chaplin, Laurel & Hardy, Buster Keaton oder Jaques Tati. Auch schwungvolle Zirkus-, Tarantella- oder Ragtime-Musik eignet sich hervorragend.

Bevor Sie beginnen, atmen Sie ein paar Mal tief ein und aus und spüren Ihre Füße auf dem Boden. Üben Sie mehrmals laut Ihr »Ja!« und denken Sie einfach mal nicht zu weit voraus!

Nun springen Sie zur Musik raus aus den Startlöchern wie ein aufgescheuchtes Reh oder wie ein wild gewordener Tiger, der jetzt los zum Jagen sprintet. Sie erhöhen Ihr Tempo und befinden sich mitten im Zeitraffer. Tun Sie alles, was Sie noch nie an diesem Tag in dieser Eile getan haben. Fangen Sie einfach pantomimisch an, sich auf der Stelle zu bewegen und zu handeln, in rascher Zeitabfolge:

- Stehen Sie aus dem Bett auf,
- duschen Sie,
- kleiden Sie sich an,
- frühstücken Sie,
- gehen Sie einkaufen und verrichten Sie alle Tätigkeiten, die Ihnen sonst noch einfallen.

Das alles bewerkstelligen Sie rasend schnell im Zeitraffertempo, führen Sie alle Handlungen fast gleichzeitig aus, und alles ohne Worte. Viel Vergnügen!

Wenn Sie so richtig schön schnell und rasant gewesen sind, werden Sie nach dieser Übung feststellen, dass Sie nicht nur außer Atem, sondern durch diesen Zeitraffer auch absolut im Moment gewesen sind und gar keine Zeit hatten, abzuschweifen. Bei dieser Übung hat Kontrolle und innere Kritik keine Chance. Sie sind Ihrem Verstand entwichen und in Ihre Energie eingestiegen. Und Sie haben zu sich »Ja!« gesagt. Herzlichen Glückwunsch!

Erneuern Sie Ihre Kraft durch Veränderung

Alles ist Veränderung. In uns und um uns herum ist alles ständig im Wandel. Ist das nicht wunderbar? Gestern waren wir noch Säuglinge, lernten zu atmen, zu trinken, zu sitzen, zu stehen, zu gehen, zu sprechen … All das ist uns heute völlig selbstverständlich. Und ohne die ständige Erneuerung unserer Körperzellen würden wir gar nicht mehr existieren. Was sich nicht ändert, stagniert und stirbt dahin.

Viele Menschen leben im Gestern, weil dort so vieles geschehen ist, mit dessen Erinnerung sie sich beschäftigen. Ich kenne eine alte Dame, die heute noch ständig davon spricht, wie schön es während ihrer Berufstätigkeit war und was sie damals alles Bedeutendes geleistet hat. Sie ist mit all ihren Gedanken und ihrer gesamten Präsenz in einer Zeit, die vor fünfunddreißig Jahren mit dem Beginn ihrer Berentung endete. Ich glaube ihr gerne, dass es eine sehr wichtige und wertvolle Zeit für sie war – doch leider vergisst sie dabei, im Heute zu leben.

Andere Menschen wiederum lenken ihren Blick in die Zukunft. So können sie sich ebenfalls fein davon ablenken, in der Realität zu sein. Doch was zählt, das haben Sie ja bereits vom Gegenteiler gelernt, ist das Heute – so wie die Vergangenheit auch einstmals heute war und die Zukunft einmal heute sein wird. Einzig im Heute geschieht Veränderung.

Wie gehen denn Sie mit Veränderung um? Oh, da gibt es derlei viele Möglichkeiten. Natürlich können Sie sich taub oder blind stellen, den Kopf in den Sand stecken wie der Vogel Strauß und so tun, als hätten Sie nichts gesehen und gehört oder gar gespürt. Sie können auch alles bewahren wollen, damit alles so bleibt, wie es ist, und Sie sich nicht bewegen müssen. Sie können auch einfach weggehen und dabei vergessen, dass Sie sich überallhin mitnehmen. Sie können in den inneren Widerstand gehen, sich verweigern oder dagegen ankämpfen. Sie können sich auch vor lauter Angst verkriechen und sich gut zureden, dass Sie es ohnehin nicht schaffen. Doch all das wird Ihnen wohl wenig bis gar nichts nützen, denn die Veränderung geschieht ganz unweigerlich.

Also dann: Machen Sie es doch einfach wie der Gegenteiler und öffnen Sie weit Ihre Arme, heißen Sie die Veränderung herzlich willkommen und gehen ihr und dem Wandel freudig entgegen. So können Sie auch leichter all die Chancen und Möglichkeiten erkennen, die sich daraus ergeben. Und so wird dann Veränderung zur Erneuerung und Sie nutzen ihre Kraft.

Erkennen Sie die Wandelpunkte auf Ihrem Weg

Der Prozess der Veränderung ist keine einfache Gerade, sondern ein buntes Hin und Her, ein Kommen und Gehen. Auf diesem Weg gibt es Berge, Hügel, Täler und Ebenen.

Übung: Erkennen Sie die Wandelpunkte auf Ihrem Weg

Nehmen Sie sich doch nun ein großes Blatt Papier zur Hand und gönnen Sie sich wieder einmal ein wenig Zeit und Muße für sich. Auf Ihren Papierbogen zeichnen Sie eine Linie, Welle oder Kurve, die Ihr bisheriges Leben symbolisiert. Dabei markieren Sie wichtige Entwicklungspunkte, Veränderungen, Krisen und Entscheidungen. Und dann markieren Sie noch den Punkt oder Abschnitt, auf dem Sie sich gerade selbst befinden.

Ihr aufgezeichneter »Weg« kann jede Gestalt annehmen, es gibt hier kein Richtig oder Falsch, und er muss auch nicht »schön« aussehen. Wichtig sind hier allein Ihr individuelles Gefühl zu Ihrem eigenen Leben und dessen bildhafte Darstellung. Wenn Sie mögen, so malen Sie sich auch ruhig zu jeder Lebensstation ein Symbol oder Bildchen dazu, oder kleben Sie Fotos an die markanten Stellen oder auch passende Bilder oder Illustrationen aus Zeitschriften. Oder Sie suchen sich entsprechende Symbole aus der Natur, zum Beispiel einen Stein, ein Stück Baumrinde, ein Blatt, eine Blume, eine Beere, einen Pilz, eine Feder …, ganz so, wie es für Sie, zu Ihrem Weg und zu Ihren Lebensstationen passt.

Nach dem Malen und Arrangieren der Symbole stellen Sie sich zu jeder Veränderungsstation folgende Fragen, und beantworten Sie sich diese am besten wieder schriftlich:

- Wie haben Sie diese Situation gemeistert?
- Welche Ihrer Fähigkeiten haben Sie dazu eingesetzt?
- Welche Hilfe und Unterstützung haben Sie erfahren?
- Was haben Sie durch die jeweilige Entwicklung dazugewonnen?
- Was haben Sie dazugelernt?

- Welche Chancen lagen auch in dieser Situation für Sie bereit?
- Was war alles positiv?

Übrigens können Sie diese Übung auch gut zu zweit durchführen, zum Beispiel mit einem Freund, einer Freundin, dem Partner oder auch einer Arbeitskollegin. Da der Spielpartner so lange nachfragen kann, bis der oder die andere all das Positive für sich herausgefunden hat, kann das Ergebnis noch effektiver werden.

Das bildhafte Erinnern bereits erfolgreich gemeisterter Veränderungen ist gleichzeitig eine Ressourcen-Übung und kann Ihnen Mut machen für eine anstehende Veränderung. Da ja ein Problem bekanntlich etwas grundsätzlich Positives ist, allein schon aufgrund des »Pro-« im »-blem«, ist die stetige Frage des Gegenteilers: »Wo sind die Chancen im Wandel und was kann ich daraus lernen und positiv für mich nutzen?«

Übung: Stellen Sie sich vor, es geschähe ein Wunder

Nehmen Sie sich getrost noch einmal ein wenig Zeit für sich und legen Sie sich auch wieder etwas zum Schreiben zurecht.

Und dann stellen Sie sich vor, es käme eine gute Fee zu Ihnen und könnte Ihnen ein Wunder bescheren. Ihr Wunsch geht in Erfüllung, und es ist dank der Feen-Zauberkraft auf einmal alles so, wie Sie es sich erträumen. Wie hat sich Ihr Leben, nun so ganz ohne »Pro-blem«, verändert? Beschreiben Sie es sich so konkret wie möglich, am besten auch wieder schriftlich. Jetzt, da das Wunder geschehen und Ihr Wunsch erfüllt ist:

- Wie sieht Ihr Leben jetzt aus?
- Was alles können Sie jetzt hören?
- Wie fühlt sich die neue Situation an?
- Wie verhält sich Ihr Umfeld jetzt? (Partner, Freunde, Familie, Kollegen, Vorgesetzte, Mitarbeiter, Kunden ...)
- Was machen Sie selbst nun anders?
- Welche persönlichen Werte sind für Sie jetzt wichtig?
- Über welche Fähigkeiten verfügen Sie nun und wie setzen Sie diese ein?
- Woran erkennen Sie, dass Ihre optimale Situation eingetreten ist?
- Gibt es ein besonderes Symbol für Ihre optimale Situation? Dann malen Sie es sich ruhig auf.

Und dann kommen Sie mit Ihrer Aufmerksamkeit wieder ins Hier und Jetzt zurück und fragen Sie sich noch einmal Folgendes:

- Was war all das Positive an Ihrer bisherigen Situation?
- Was ist das Positive an der neuen, »verzauberten« Situation?
- Welche Werte und Fähigkeiten können Sie leicht auch heute und sofort in die Praxis umsetzen und leben? Und wie können Sie das konkret tun?
- Was von all dem Positiven können Sie in Ihre momentane Situation einfließen lassen?
- Und wie wissen Sie, dass sich etwas zum Positiven verändert hat?

Übung: Erschaffen Sie sich ein Gegenteiler-Unterstützer-Team

Sollten Sie doch noch einmal versehentlich an einem »Kontrablem« nagen und nicht so recht wissen, wie es weitergehen soll, so betrachten Sie doch einfach diese Angelegenheit wie der Gegenteiler aus einer anderen Perspektive und holen Sie sich dazu noch weisen Rat von realen, berühmten oder erfundenen Persönlichkeiten.

Wählen Sie dazu Persönlichkeiten aus, die Sie sehr schätzen oder gar bewundern, die für Sie eine angenehme und positive Ausstrahlung haben und von deren Meinung Sie sehr viel halten. Es können auch konkrete Menschen sein, zum Beispiel Menschen, von denen Sie sicherlich gut unterstützt würden, die all Ihre besonderen inneren Perlen zu schätzen wissen und die Sie auf jeden Fall ermutigen und fördern würden.

Vielleicht sind es auch historische Persönlichkeiten, Filmhelden, ein Team aus Kultur und Wissenschaft, fiktive Figuren aus Märchen, Musiker oder Sportler, die Ihnen mit Rat und Tat zur Seite stehen können …

Die Auswahl Ihres Teams richtet sich ganz nach Ihren persönlichen Vorlieben.

Und jetzt fragen Sie Ihre ausgewählte Crew, welche Ideen und Lösungsvorschläge jedes Mitglied für eine positive Meisterung Ihres »Kontrablems« hat. Notieren Sie einfach alles munter drauflos, was Ihnen so mitgeteilt wird, und vor allem auch, ohne zu zensieren. Lassen Sie sich überraschen, was Ihnen jede Figur aus ihrer eigenen Sicht alles berichtet. Viel Vergnügen!

Übung: Seien Sie Ihr persönlicher Gegenteiler-Coach

Für die nun folgende Übung kann es wieder sinnvoll sein, Schreibzeug bereitzuhalten und sich etwas Zeit für sich selbst zu nehmen.

Stellen Sie sich doch einmal vor, dass Sie ein äußerst hoch bezahlter und sehr berühmter Coach sind, der ausnahmslos nur für ganz besonders erfolgreiche Spitzensportler arbeitet. Sie sind gerade mit Ihrem derzeitigen Sport-As bei einem höchst wichtigen Wettkampf, der nur alle vier Jahre stattfindet, zum Beispiel die Olympiade. Selbstverständlich werden Sie mit einem Spitzenhonorar dafür bezahlt, diesen Sportler zu motivieren. Doch leider ist er derzeit ein wenig demotiviert und lustlos. Beantworten Sie sich nun aus der Sicht des Star-Beraters folgende Fragen, am besten schriftlich:

- Was können Sie tun, um Ihren Klienten zu motivieren, aufzubauen und anzuregen?
- Was genau tun Sie und was sagen Sie diesem Sportler?
- Welche Worte wählen Sie und welche Argumente?
- Welche Lautstärke setzen Sie ein? In welcher Tonlage?
- Welche Schlüsselworte bringen ihn wieder nach vorne?
- Aus welcher Entfernung sprechen Sie zu ihm?
- Welche Ihrer Worte unterstützen ihn und regen ihn an? Welche machen ihm Mut und muntern ihn auf?

Und jetzt stellen Sie sich vor, dass dieser Sportler nicht irgendeine Person ist, sondern dass Sie es ganz höchstpersönlich selbst sind.

- Welche Worte würden Sie jetzt wählen und welche Argumente?

- In welcher Tonlage und Lautstärke würden Sie jetzt zu sich selbst sprechen?
- Was würde Sie und Ihre Person motivieren und anregen, den Wettstreit zu gewinnen, und das sogar in persönlicher Bestleistung?

Stellen Sie sich jetzt noch vor, dass es nicht irgendein sportlicher Wettkampf ist, um den es hier geht, sondern es geht nun um die Lösung eines »Pro-blems« oder einer Tätigkeit, zu der Sie sich motivieren möchten. Welche Fähigkeiten und Ressourcen können Sie nutzen, was können Sie ganz konkret selbst tun, um die Aufgabe erfolgreich anzugehen und zu meistern?

- Welche Worte wählen Sie nun, um sich selbst zu motivieren?
- In welcher Tonlage und Lautstärke bringen Sie die Worte nun in Ihr Gehör?
- Wie klingen die Argumente jetzt, die Sie motivieren, ermuntern, ermutigen und begeistern?
- Was genau brauchen Sie, um den ersten Schritt zu gehen?
- Welche Schlüsselworte sind es, die Sie sofort aufspringen und losgehen lassen?
- Welches Zauberwort oder welcher Zaubersatz bringt Sie sofort in Schwung und Bewegung, motiviert Sie, baut Sie auf und lässt Sie Ihre Aufgabe bewältigen?
- Wie hoch, wie tief, wie laut oder wie leise und aus welcher Richtung muss dieser Zaubersatz kommen, der Sie dazu bewegt, sich in Bewegung zu setzen und Ihr anstehendes Projekt jetzt umzusetzen und zu verwirklichen?
- Welche Körperhaltung und welche Bewegungen gehören dazu und können Sie dabei unterstützen?

Sagen Sie sich Ihren Zaubersatz ruhig mehrmals hintereinander auf, so lange, bis Sie ihn auswendig können, und schreiben Sie ihn sich ganz groß auf. Und dann denken Sie doch bitte immer daran: Sie sind für sich der beste und erfolgreichste Coach, den es geben kann und der immer für Sie da ist, jederzeit frei verfügbar und erreichbar und dazu noch unbezahlbar!

7. Wie Sie mit dem Gegenteiler Atem schöpfen und entspannt Ihre Stimme samt Stimmung verbessern

Der Gegenteiler schöpft ungeheuer gerne und ganz bewusst Atem, denn das Atmen versorgt seinen Körper und Geist nicht nur mit lebenswichtigem Sauerstoff, sondern es verbindet ihn auch mit seiner Lebendigkeit. Ich nehme doch an, dass es sich bei Ihnen ähnlich verhält? In unserer heutigen hektischen Zeit atmet allerdings kaum noch jemand bewusst tief aus und ein. Unsere unruhige Lebensweise raubt uns sozusagen die Luft, flaches Atmen gehört bei all unserem Stress heute leider zum Alltag. Häufig atmen wir erst bei großen Anstrengungen oder bei Atemnot ganz bewusst und tief in den Bauch.

Atemübungen eignen sich hervorragend zur Entspannung, sowohl für den Körper als auch für den geplagten Geist. So kann ja schon eine winzig kleine Auszeit von wenigen Minuten an einem hektisch-quirligen Arbeitstag, begleitet von mehreren tiefen Seufzern und einigen laut dahin gesäuselten »Aaaaas« oder »Haaaas« oder »Jaaaaas« oder »Ha-Jaaaas«, für Entspannung und neue Energie sorgen. Sie verschaffen sich im wahrsten Sinne des Wortes mehr Luft, und gleichzeitig wird im Körper Stress abgebaut. Der Trick bei den leise oder laut getönten »Aaaas« ist übrigens, dass Sie ihren Brust- und Herzraum damit öffnen und wieder mehr Platz zum Atmen haben. Zur Belohnung kommen Sie wieder in Balance und haben mehr Energie und Power. Und natürlich können Sie durch ein wenig Übung wieder lernen, mit Ihrer gesamten Erscheinung »zu Atem zu kommen«, denn ein gut trainierter Atem und eine kraftvolle Stimme, beides hängt unabdingbar zusammen, stärken auch Ihr Selbstbewusstsein und Ihre Präsenz.

Übungen für Atem und Stimme stärken nicht nur Ihren Klangkörper und Gesangsapparat, sie fördern auch Ihre schwungvolle Energie und Ihre Lebendigkeit.

Oftmals erlebe ich in Coaching-Stunden, dass meine Klienten, vor allem zu Beginn und wenn Sie mich noch nicht so gut kennen, mit hochgezogenen Schultern und tunnelartigem Blick vor mir sitzen, flach atmend und ganz auf ihr »Pro-blem« konzentriert. Hier hilft es häufig schon, wenn ich selbst einmal ganz tief ein- und ausatme. Mein Gegenüber macht es zumeist auch gleich mit, und wenn ich es dann auch noch schaffe, sie zum Lachen zu bringen (was ich übrigens sehr gerne tue), klappt es mit dem tieferen Atmen schon wesentlich besser. Auch die Stimme wird wieder voller, die Haltung aufrechter, und so kann dann viel entspannter über die anliegenden Sorgen, oder besser noch: über deren Lösungsmöglichkeiten gesprochen werden.

Selbst zu Beginn eines Kommunikationstrainings oder auch gar im Clownseminar kommen manche Teilnehmer erst einmal mit angespannter Haltung herein, vor lauter Unsicherheit vor der Ungewissheit, was da wohl alles auf sie zukommen mag, und ob sie sich vielleicht sogar zum »Affen machen« müssen und sich womöglich der Lächerlichkeit preisgeben. Bei so einer Kolibri-Gegenteilerin als Gegenüber weiß man ja nie! Auch hier hilft ein erstes herzhaftes Lachen, verbunden mit einem tiefen Durchatmen und einer ersten Entspannung, über alle Unwägbarkeiten hinweg, und wir können anschließend richtig mit dem Kurs loslegen.

In Krankenhäusern treffe ich als therapeutischer Clown

oft auf Patienten, die sich in Krisensituationen befinden und zum Beispiel Angst haben vor Operationen, anstehenden Untersuchungen oder sich wegen einer unangenehmen Diagnose Sorgen machen. Hier setze ich mich meistens einfach nur still ans Bett und lasse meinen eigenen Atem ganz bewusst ruhig werden. Das wirkt ansteckend, und nach kurzer Zeit beruhigt sich auch der Atem meiner Gegenüber. Entspannung tritt ein, und dann können wir in aller Ruhe über all die plagenden Kümmernisse und auch all die schimmernden Hoffnungsfunken sprechen.

Auch die häufig hektischen Mitarbeiter auf den Stationen, Ärzte, Pflegende und andere Therapeuten, flitzen eilig vor sich hin, ganz in ihr wichtiges Tun vertieft. Hier hilft es so manches Mal, wenn ich als bunte Gegenteilerin mit einem strahlenden Lächeln im Gesicht die Vorübereilenden mit einem deutlichen »Halt!« Stopp!« und »Guten Morgen, bitte einmal kräftig durchatmen!« anspreche. Sogleich bleiben die meisten für eine Weile stehen, lächeln erfreut zurück und sagen sehr häufig: »Hach! Danke, das hat gutgetan!« Schon allein das »Hach!« hat ja für eine kräftige Ausatmung gesorgt, und oft bekomme ich dann auch noch zur Belohnung kurz von den anstehenden Projekten, dem beruflichen Druck oder auch von gerade erst Erlebtem berichtet. Ist das nicht wunderbar?

Also, warum sollten Sie nun eigentlich noch lange zögern? Fangen Sie doch am besten sogleich mit der ersten Übung an.

Übung: Riechen Sie sich entspannt

Zur ersten Kurz-Entspannung möchte ich Ihnen eine einfache, feine Übung vorstellen: das »Riechen«. Atmen Sie dazu bewusst ein und aus. Stellen Sie sich vor, dass Sie von einem besonders angenehmen Duft umgeben sind, z.B.

dem ihres Lieblungsblümchens. Atmen Sie langsam durch die Nase ein und spüren Sie, wie dieser Duft sich in Ihrer Lunge und von dort aus im gesamten Körper verteilt. Atmen Sie langsam wieder aus, und wiederholen Sie die Übung ruhig so lange, bis alle Anspannung aus Ihnen herausgepurzelt ist und Sie die Entspannung deutlich spüren können.

Übung: Rekeln Sie sich ausgiebig warm

Gegenteiler wollen besonders wach sein, auch wenn sie sich mit ihrer Atmung beschäftigen. Deshalb rekeln sie sich auch immer wieder gerne besonders gründlich. So beginnen doch auch Sie gleich einmal mit ausgiebigem Rekeln.

Schicken Sie das Rekeln am besten durch alle Körperpartien. Doch bitte beachten Sie: Rekeln Sie sich nicht wie ein Polizist oder Soldat, der pflichtgemäß den Befehl »wachrekeln« ausführt. Rekeln Sie sich achtsam, wohlig und intensiv. Als Liebhaber und Geliebte Ihres eigenen Körpers sind Sie auch beim Rekeln ganz besonders behutsam und verständnisvoll!! Jawohl, genau! Gegenteiler lieben sich selbst ganz inniglich und achten stets darauf, dass sie mit all ihrer Aufmerksamkeit voll und ganz bei ihrem Tun und Handeln sind.

Und nun schütteln Sie Ihren Körper durch. Dehnen und strecken Sie sich nach Herzenslust. Und dann beginnen Sie zu hüpfen und lassen dabei Ihre Atmung so richtig schön in Wallung kommen.

Nun lassen Sie es wieder ruhiger angehen und lassen auch Ihre Atmung stetig ruhiger werden. Sie stehen nun aufrecht, Ihr Körper ist wohlig gespannt. Ihre Aufmerksamkeit wird in der Wahrnehmung Ihrer Atmung gebündelt.

Stellen Sie sich vor, es ist Sommer und Sie stehen an einem wunderschönen Strand! Stellen Sie sich mit allen Ihren Sinnen die wärmende Sonne vor und auch den Wind, die Palmen, die Meeresvögel und die salzige Meeresluft. Spüren Sie den heißen Sand unter Ihren nackten Fußsohlen. Und wenn Ihnen danach ist, so lassen Sie erste Bewegungsimpulse zu. Wenn Ihr Körper sich bewegen möchte, so lassen Sie ihn sich einfach bewegen.

Auf einmal spüren Sie, wie spitze Steine unter Ihren Fußsohlen Sie pieksen. Bewegen Sie sich ruhig dazu und stellen Sie sich vor, wie Sie diese steinige Strecke bis zum Meeresufer zurücklegen.

Und dann haben sie es geschafft, Sie sind endlich im Wasser. Ui, ist das schön kühl. Allmählich gewöhnen Sie sich an die Temperatur und werden übermütig, Sie spritzen alle anderen imaginären Wesen um Sie herum mit Meerwasser nass und werden auch selbst nass gespritzt. Jawohl, ach, das tut gut! Genießen Sie dieses Spiel! Lebensfreude gehört zur Grundausstattung des Gegenteilers. Lassen Sie Ihre Lebensfreude sich in sich ausbreiten.

Zur Belohnung und Krönung des Abenteuers gehen Sie nun noch in die Strandbar. Fruchtige Getränke munden, insbesondere, wenn man so schön geschwitzt hat. Wie angenehm und beschwingt Sie sich fühlen! Alles wirkt so leicht. Keine Macht den Gedanken. Alle Macht dem Leichtigkeitsgefühl und dem tiefen Atem. Sie fühlen sich herrlich beschwingt. Es ist Zeit zum Singen. Singen Sie Ihr Lieblingslied! Gegenteiler lieben Musik. Gegenteiler singen laut, gern und ausgesprochen herzhaft. Lassen Sie es aus Ihrer tiefsten Tiefe singen und genießen Sie es.

Und dann schließen Sie die Übung ab und kommen mit ein paar tiefen Atemzügen wieder zur Ruhe. Wie fühlen Sie sich nun?

Übung: Erspüren Sie Ihren Wohlfühl-Atemraum

Nehmen Sie wahr, wo in Ihrem Körper Sie »Wohlfühlen« spüren können. Wo fängt das Wohlfühlgefühl an und welche Qualität hat es für Sie? Ist es ein wohliges Kribbeln, ein weiches Fließen oder ein kraftvolles Strömen? Welche Richtung hat dieses Gefühl? Welche Temperatur können Sie spüren? Wo in Ihrem Körper fängt es an und wie breitet es sich aus? Und dann lassen Sie dieses Gefühl von Wohlbefinden sich intensiver in Ihrem Körper ausbreiten, sodass jede Zelle Ihres Körpers von dieser Qualität weiß und diesen Zustand erfahren und erleben kann.

Und während sich dieser Zustand mehr und mehr in Ihnen ausbreiten kann, richten Sie Ihre Aufmerksamkeit auf Ihren Atem. Nehmen Sie wahr, wo Sie Ihre Atembewegungen erleben können, wenn Sie ganz intensiv diesen Zustand von Wohlbefinden in sich spüren.

Beobachten Sie Ihren Atem und nehmen Sie wahr, wann der Atem kommt und wieder geht und wann er ganz selbstverständlich und leicht wiederkommt. Spüren Sie, wie Ihr Atem sich auch im unteren Atemraum ausbreitet, im Bereich des Beckens, der Beine, bis hin zum Nabel. Und nun fühlen Sie auch den mittleren Atemraum, der vom Nabel bis zur Mitte des Brustkorbs reicht. Und jetzt lenken Sie Ihre Aufmerksamkeit noch in den oberen Atemraum, vom oberen Teil des Brustkorbs bis in den Schultergürtel.

Während Sie vollständig im angenehmen Zustand von Wohlbefinden sind, spüren Sie, in welchem Bereich Ihre Atembewegungen am intensivsten sind, und dann legen Sie Ihre Hände auf den Atemraum, den Sie jetzt am intensivsten spüren können. Lassen Sie Ihre Hände dort einen Augenblick ruhen und spüren Sie, wie sich die Atmung ganz selbstverständlich in Ihre Hände hinein bewegt.

Trainieren Sie Ihren Haupt-Atemmuskel – das Zwerchfell

Ein gut trainiertes Zwerchfell ist ein großartiger Resonanzboden für den Atem und die Stimme. Das Zwerchfell ist unser Haupt-Atemmuskel und befindet sich in der Körpermitte, zwischen Brust- und Bauchbereich. Es schließt den Brustkorb wie eine behütende Kuppel nach unten zum Bauchraum ab. Während der Einatmung bewegt sich das Zwerchfell nach unten, es zieht sich zusammen und spannt sich an, wodurch der Brustraum vergrößert wird und der Atem einströmen kann. Bei der Ausatmung entspannt sich das Zwerchfell wieder, wandert nach oben und der Brustraum verkleinert sich, die Ausatmung erfolgt automatisch.

Wir können das Zwerchfell auch willentlich beeinflussen und unseren Atem ganz bewusst verlangsamen und beschleunigen. Andererseits funktioniert der Mechanismus des Zwerchfells auch unwillkürlich und automatisch. Meistens atmen wir glücklicherweise, ohne daran zu denken, zum Beispiel im Schlaf. Dabei stellt sich der Atem automatisch auf den momentanen Bedarf des Körpers ein. Diese Atem-Automatik ist uns angeboren, und sie ist absolut ökonomisch, ökologisch sicherlich auch. Jawohl, wir sind ein fantastisches Wunderwerk der Natur!

Bewegungsmangel, eine schlechte Körperhaltung und auch Stress, Aufregung und Angst wirken sich allerdings nachteilig auf die Atem-Automatik und somit auch auf die Beweglichkeit des Zwerchfells aus. Doch dem kann abgeholfen werden durch ein gezieltes Training unseres Haupt-Atemmuskels. Damit das Zwerchfell auch bei Ihnen wieder ökonomischer funktioniert, verrate ich Ihnen nun ein paar Übungen.

Übung: Atmen Sie sich fröhlich

Stellen Sie sich aufrecht hin, die Füße sind schulterbreit auseinandergestellt. So können Sie sich übrigens bei allen Atem- und Stimmübungen hinstellen, denn mit dieser Haltung haben Sie den meisten Platz in Ihrem Körper. Im Sitzen engen Sie Ihre Atmung nur ein. Nun pfeifen Sie ganz kurz mit gespitzten Lippen. Beenden Sie das Pfeifen, indem Sie Ihre Lippen elastisch in die Normalstellung zurückfedern lassen. Nehmen Sie wahr, wie sich der Atem ganz von selbst ergänzt und wie Ihr Zwerchfell dazu tanzt. Wiederholen Sie diese Übung ruhig einige Male.

Übung: Trainieren Sie Ihre Lippenbremse

Legen Sie nun Ihre Lippen locker aufeinander und lassen Sie diese durch das Ausatmen vibrieren. Stellen Sie sich dabei vor, wie Sie als kleines Kind mit einem Spielzeugauto spielen und es zum Anfahren bringen wollen. Das Geräusch dazu erzeugen Ihre vibrierenden Lippen.

Übung: Atmen Sie lachend

Stützen Sie Ihre Hände nun in Zwerchfellhöhe ab, also im Bereich der unteren Rippen. Beginnen Sie nun »Ha, haha, hahahaha« zu sagen, so als ob Sie wirklich lachen würden. Spüren Sie, wie Ihr Zwerchfell federt, wie sich der Atem automatisch und still wieder ergänzt? Und wenn Sie noch eine kleine Weile weiter üben, werden Sie vielleicht sogar wirklich zu lachen beginnen.

Übung: Spucken Sie imaginäre Kirschkerne

Die folgende Übung ist eine klassische Gegenteiler-Zwerchfellübung. Sie macht noch mehr Spaß, wenn Sie sie mit einem Partner, ihren Kindern oder einer Gruppe Freunde trainieren.

Sie benötigen dazu auf jeden Fall einen imaginären Kirschkern. Nehmen Sie ihn in den Mund und spucken Sie ihn kraftvoll zu Ihrem imaginären oder realen Gegenüber. Ihr Gegenüber spuckt sofort zurück, und so geht es einige Male hin und her.

Als Nächstes nehmen Sie einen etwas größeren imaginären Kern, zum Beispiel einen Pflaumen- oder Pfirsichkern, und spucken damit wieder wie wild drauflos.

Und als Drittes nehmen Sie noch eine ganze Hand voller imaginärer Kirschkerne, in deren Mitte sich ein ebenfalls imaginärer Pfirsichkern versteckt hat. Sie nehmen alles auf einmal in den Mund und lassen die imaginären Kerne maschinengewehrartig zum Gegenüber prasseln.

Um ein Gefühl dafür zu bekommen, können Sie natürlich auch mit echten Kernen üben. Doch danach ist der imaginäre Kern-Wettstreit noch effektiver. Und wenn Sie bei der Übung genau hinspüren, so können Sie bei jedem Spucken fühlen, wie Ihr Zwerchfell fröhlich auf und ab hüpft.

Viel Vergnügen!

Übung: Bellen Sie Ihr Zwerchfell stark

Auch diese Übung kommt aus dem Clowntheater. Ja, ich weiß, sie mutet erst einmal etwas merkwürdig an. Doch seien Sie versichert, sie macht auch Spaß und ist sehr effektiv. Ich hatte einmal eine Opernsängerin als Teilnehmerin in einem meiner Seminare, die diese Übung noch nicht kannte und vor lauter Lachen kaum noch mitmachen konnte. Doch später teilte sie mir mit, dass dies die beste Zwerchfellübung sei, die sie jemals kennengelernt hat. Also dann, nichts wie los! Ich wünsche Ihnen schon jetzt viel Vergnügen!

Gehen Sie jetzt bitte auf alle Viere herunter in den Vierfüßlerstand. Und nun probieren Sie doch zuerst einmal Ihre Wirbelsäulenbeweglichkeit aus, diese haben Sie nämlich für das Anstehende nötig.

Stellen Sie sich nun vor, Sie seien ein sehr großer Hund, zum Beispiel ein Dobermann, der sehr tief und vollmäulig bellt. Nun lassen Sie das Dobermannbellen kraftvoll aus sich herausschallen und bewegen dabei sanft und schwungvoll Ihren Lendenbereich, beim ausatmenden Bellen aufwärts, beim Einatmen wieder abwärts. Ganz so wie bei der Gymnastik- oder Yogaübung »Katzenbuckel« (Bellen) und »Pferdesattel« (Einatmen).

Nun lenken Sie Ihre Aufmerksamkeit auf Ihren unteren bis mittleren Brustkorbbereich und stellen sich vor, Sie seien ein mittelgroßer Hund, zum Beispiel ein großer Schnauzer. Und dann lassen Sie Ihr mitteltiefes Bellen ertönen. Gleichzeitig lassen Sie Ihren Brustkorb leicht mitschwingen, auf und ab.

Als Drittes stellen Sie sich nun noch vor, Sie seien ein Zwergpinscher, und richten dazu Ihre Aufmerksamkeit auf Ihren oberen Brustkorbbereich. Nun lassen Sie diesen zum sanften Schwingen kommen, während Ihr Zwergpinscherbellen fröhlich erklingt.

Übung: Der Atem bewegt Ihren Körper und bringt Sie in Balance

Nachdem Sie sich von der letzten Übung wieder erholt haben und auch Ihr Zwerchfell inzwischen schon ein wenig gekräftigt ist, kann es weitergehen mit einigen Atemübungen. Stellen Sie sich wieder aufrecht hin und steigen in Ihrer Vorstellung auf eine Wippschaukel. Während Sie auf der imaginären Schaukel balancieren, beginnen Sie, Ihren Atem zu spüren:

- Wo bewegt er sich hin, wenn Sie im Gleichgewicht sind?
- Wohin bewegt er sich, wenn sich eine Seite der Wippschaukel tiefer nach unten neigt als die andere?
- Was macht Ihr Atem, wenn Sie rhythmisch und spielerisch hin- und herschaukeln, mal schneller, mal langsamer?
- Was passiert, wenn Sie Ihren Atem anhalten, während Sie balancieren?
- Wohin bringt Ihr Atem zuerst Ausgleich, Gelöstheit und Frische?
- Was spüren Sie, wenn Ihr gesunder Atem Ihren Körper durchströmt bis in den kleinsten Zellbaustein?
- Wie ist es, wenn Sie Ihren Atem fröhlich pfeifend aus Ihrem Körper strömen lassen?
- Und wie fühlen Sie sich nun in Ihrer Atembalance?

Wie der Atem Ihre innere Einstellung verändert und umgekehrt

Unsere Emotionen sind ganz eng mit unserem Atem, unserer Stimme und auch unserer Körperhaltung verbunden. Und was wir meistens vergessen, ist, dass wir selbst es sind, die Regie führen über unsere Emotionen und unsere innere sowie äußere Haltung. Wenn wir uns das immer wieder einmal bewusst machen, so können wir flugs etwas zum Positiven ändern. Möchten Sie es einmal ausprobieren? Dann folgen Sie mir getrost zu der folgenden Übung und erspüren Sie, wie sich Ihr Atem bei unterschiedlichen Vorstellungen verändert und wie auch Sie danach ganz bewusst etwas verändern können.

Übung: Wie der Atem Ihre innere Einstellung verändert und umgekehrt

Erinnern Sie sich zunächst an eine Situation, in der Sie sich ängstlich fühlten. Lassen Sie noch einmal für einen kurzen Moment diese Situation vor Ihrem inneren Auge ablaufen. Wie schauen Sie da aus? Was spüren Sie? Können Sie bemerken, dass allein die Erinnerung an diese Situation Ihren Atem verändert?

Nun überprüfen Sie doch einmal in Gedanken, welchen Unterschied es macht, ob Sie jemanden, den Sie treffen, gerne mögen und wertschätzen, oder ob diese Person Ihnen unsympathisch ist. Wie ist jeweils Ihr Atem, wie Ihre Stimme?

Erinnern Sie sich nun an eine Situation, in der Sie sicher und gelassen waren, und lassen Sie diese Situation wieder vor Ihrem inneren Auge ablaufen. Wie verändert sich Ihr

Atem? Was ist anders gegenüber den ersten beiden Situationen?

Und wenn Sie jetzt an Ihren Lieblingsduft denken, wie genau ist er? Vielleicht ist es der Geruch des Waldes, des Meeres, des Kaffees, eine Blume oder auch Ihrer Lieblingsspeise? Egal, was es ist, erinnern Sie sich an den Duft und fühlen Sie, wie tief Ihr Atem in den Körper einströmt, ganz leicht, ganz von selbst. Beginnen Sie, den Duft und das damit verbundene Wohlgefühl zu summen, zuerst ganz leise, dann lauter. Was geschieht? Verstärkt sich dadurch noch Ihr Wohlgefühl?

Haben Sie gemerkt, wie schon allein die Erinnerung an bestimmte Situationen Ihren Atem verändern lässt? Und wie leicht sich diese Veränderung herstellen lässt? Genauso wie der Atem beim Erinnern an unangenehme Situationen abflacht, so vertieft er sich bei positiven Gedanken. Und da der Gegenteiler ja jemand ist, der sehr gerne selbst die Regie über sein buntes Leben in die Hand nimmt und auch gerne in seiner positiven Weltsicht verbleibt, sorgt er so gut wie immer dafür, sich angenehme Erinnerungen hervorzulocken. Und genauso können Sie es auch tun!

Nachdem Sie nun so fein Ihr Zwerchfell und Ihre Atmung gekräftigt haben, ist es an der Zeit, auch Ihre Stimme und Ihre Stimmung zu beleben. Das Training der Stimme sorgt wie auch das Atemtraining nicht nur für einen kraftvolleren Sprech- und Sangesapparat, sie stärkt ebenso Ihre innere und äußere Haltung und hebt deutlich Ihre Stimmung an. Die Folge des Übens ist eine großartige Ausstrahlung von Selbstbewusstsein, Stärke und Respekt. Atem- und Stimmübungen bringen Sie ins Gleichgewicht und stärken Sie auch vor schwierigen Situationen. Also, fangen wir doch sogleich mit dem Training an.

Erhellen Sie Ihre Stimme und Ihre innere Gestimmtheit

Übung: Lassen Sie Ihr Da-Sein erklingen

Übrigens können Sie diese nette kleine Stimmübung auch zum Einstimmen auf Situationen durchführen, die Sie nervös machen und Ihnen Aufregung und Lampenfieber bereiten.

Stellen Sie sich wieder aufrecht hin, beginnen Sie, innerlich zu lächeln, und sprechen Sie, zuerst leise, dann immer lauter folgenden Satz: »Ich bin ich.« – »Ich bin ich.« – »Ich bin ich.« …

Nun nennen Sie auch Ihren Namen dazu: »Ich bin ich … (Ihr Name).« Sprechen Sie den Satz in allen Variationen Ihrer Stimme, bewegen Sie sich dabei und gehen Sie dazu durch den Raum.

Nun toppen Sie den Satz noch, indem Sie ebenfalls in allen Variationen sagen: »Ich bin ich … (Ihr Name), ja! Jawohl! Jawohl, genau!«

Stellen Sie sich jetzt noch vor, dass einige sehr nette und wohlmeinende Menschen um Sie herumstehen und Ihnen zuschauen und zuhören, Sie dabei anlächeln und anstrahlen und Ihnen Beifall spenden. Stellen Sie sich vor, dass Hunderttausende von Menschen Ihnen zuschauen, Ihnen zuhören, Sie dabei anlächeln, anstrahlen und Ihnen tosenden Applaus spenden. Lassen Sie sich feiern, genießen Sie es, und nehmen Sie die Ovationen entgegen, denn diese gelten ja allein Ihnen als der einzigartigen und wundervollen Person, die Sie sind!

Entspannen Sie Ihren Kehlkopf mit Ihrem persönlichen Stimm-Ton

Wenn wir besonders höflich und freundlich erscheinen möchten, besonders im beruflichen Alltag, verstellen wir oft unbewusst unsere Stimme und sprechen zu hoch. Insbesondere bei emotional aufgeladenen Gesprächen gleitet vor allem die weibliche Stimme in einer unnatürlichen Weise vom persönlichen Stimm-Ton aus nach oben. Wir sind »außer« uns, das heißt: nicht mehr im Körper, sondern nur im Kopf und der Emotion. Die Stimmmuskeln sind dann in einer permanenten Anspannung. Höhere Bereiche des Kehlkopfes und der Luftröhre vibrieren. Diese trocknen dann leichter aus, Heiserkeit und auch Erkältungen können die Folge sein.

Der Ton, der die Saiten unseres Stimminstrumentes Kehlkopf frei schwingen lässt, klingt angenehm, und er fühlt sich auch angenehm an. Er entspricht der höchstpersönlichen Tonlage. Ökonomisches Sprechen bedeutet, in einem variantenreichen Wortschwall immer wieder zu seiner eigenen Stimmlage zurückzukehren, nachdem man sich zwischendurch auch in höhere und tiefere Stimmbereiche vorgewagt hat. Das Zurückgleiten auf die eigene Stimmfrequenz ist sehr wichtig und macht die eigene Stimme für den Zuhörer erst angenehm.

Durch die nun folgende Übung lernen Sie, Ihren persönlichen Stimm-Ton, Ihren höchstpersönlichen Grundton, zu finden und auf Dauer gezielt zu trainieren.

Übung: Entspannen Sie Ihren Kehlkopf mit Ihrem persönlichen Stimm-Ton

Stellen Sie sich vor, Sie würden genüsslich ein leckeres Schokoladen-Trüffelchen, ein besonders kostbares Konfekt, ein Löffelchen Mousse oder ein noch feiner mundendes Leckerli genüsslich auf der Zunge und im Munde zergehen lassen. Machen Sie dabei ganz bewusst das genussvolle Geräusch »mmmh«. Der Klang, der so spontan entsteht, ist Ihr ganz eigener, persönlicher Stimm-Ton, die Frequenz, auf der Ihr Klanginstrument Stimme klingt. Es ist Ihr ganz eigener Wohlfühl-Ton und auch der Entspannungs-Ton Ihrer Stimme und Ihres Kehlkopfes.

Erfühlen können Sie diesen Ton, wenn Sie Ihre Hände leicht an den Kehlkopf legen. Wenn Sie die Vibration in der Mitte Ihres »Adamsapfels« schwingend spüren, haben Sie ihn gut getroffen. Die Stimmlippen, die »Saiten« Ihres Kehlkopfstimminstrumentes, schwingen jetzt organisch und ökonomisch.

Probieren Sie nun auch höhere und tiefere Stimmlagen aus und spüren Sie mit Ihren Händen, welcher Teil des Kehlkopfes nun schwingt.

Befreien Sie Ihre Stimmbänder von Fröschen

So manches Mal kann es passieren, dass wir ein Fröschlein auf den Stimmbändern sitzen haben, besonders wenn wir ein wenig aufgeregt sind, zum Beispiel vor wichtigen Gesprächen oder einem Vortrag. Meistens neigen wir dann dazu, uns laut und vernehmlich zu räuspern. Doch genau dieses

Räuspern erhöht den Druck im Kehlkopf, und der Frosch setzt sich noch fester auf die Stimmbänder oder hüpft nur kurz weg, um dann noch hartnäckiger zurückzukehren.

Stattdessen können Sie kleine Tricks aus dem Operntraining anwenden, wie zum Beispiel das Üben des zuvor schon erwähnten Persönlichen Stimm-Tons. Zusätzlich hilfreich ist das mit leichter und völlig unangestrengter Stimme mehrmals hintereinander ausgesprochene »*hem-hem-hem*«. Es hört sich anfangs etwas albern an, doch wenn Sie es für zwei bis fünf Minuten einfach und locker vor sich hin sprechen, werden Sie feststellen, dass Ihre Stimmbänder nun prima freigeputzt worden sind. Der Frosch hat nun keine Chance mehr, sich in Ihrem Kehlkopf häuslich niederzulassen und festzusetzen.

Bringen Sie Ihren Klangapparat in Stimmung

Übung: Lassen Sie Monika hochleben

Die folgende Stimmübung »Monika« ist ein wunderbar meditatives Warming-up für Ihren Klangapparat. Gleichzeitig sorgt sie für einen guten »Stand« und eine gute Körperhaltung.

Singen Sie zunächst einmal einfach nur die Silben »mo-ni-ka« ein paar Mal vor sich hin.

Dann nehmen Sie für jede Silbe eine ganz bestimmte Körperhaltung ein:

- Bei »***mo***« gehen Sie breitbeinig in die Knie und umfassen mit den Händen ein riesiges imaginäres Fass

- Bei »*ni*« strecken Sie sich wie ein Pfeil oder eine Kerze nach oben durch und gehen auf die Zehenspitzen
- Bei »*ka*« stellen Sie sich wieder entspannt hin, mit den Füßen in schulterbreitem Abstand zueinander, und lassen Sie die Arme und Hände wie Flügel zur Seite nach unten sinken.

Zur Erläuterung:

- »*mo*« ist die tiefe, sonore und vibrierende Bruststimme – Sie fokussieren sich hier mit dem Ton auf einen unendlichen Tunnel;
- »*ni*« ist die scharfe, sägende und nervende Kopfstimme – der Fokus geht hierbei nach oben;
- »*ka*« ist die volle, raumfüllende, laute Mischstimme – der Fokus ist auf den gesamten Raum gerichtet.

Spielen Sie mit Stimme und Emotion

Die folgenden Übungen kommen aus dem Operngesang und sind sehr kraftvoll. Sie widmen sich den drei Stimmlagen, dem Bauch-Ton, dem Brust-Ton und dem Kopf-Ton. Jeder Stimmlage sind bestimmte Emotionen und auch Körperhaltungen zugeordnet. Mit den Stimmlagen können Sie sich wunderbar in bestimmte positive Stimmungen versetzen und lernen, sie je nach Bedarf bewusst einzusetzen.

Übung: Erden Sie sich mit dem Bauch-Ton »Hole«

Bewegen Sie sich am besten wieder durch den Raum. Dabei sprechen Sie in unterschiedlicher Lautstärke und Schnelligkeit das tief aus Ihren Bauchtiefen kommende »*Hole*« immer wieder vor sich hin. Beobachten Sie dabei, wie Ihre Füße sich am Boden bewegen, wie Ihre Körperhaltung ist und wie Ihr Blick. Und welche Emotionen passen hierzu?

Wie Sie vielleicht gemerkt haben, ist »Hole« der erdigste Ton von allen. Hier sind die Füße fest am Boden, Sie haben eine erdige, eher maskuline Energie. Diesen Ton können Sie gut einsetzen, wenn Sie sich mehr in Power bringen möchten oder sich einmal kraftvoll durchsetzen wollen.

Übung: Kommen Sie zur Ruhe mit dem Brust-Ton »Violien«

Bewegen Sie sich bitte wieder durch den Raum und sprechen Sie nun das Wort »***Violien***« mehrere Male hintereinander aus, nur ganz leise, nur gehaucht und nahezu stimmlos. Wenn Sie dabei eine Hand auf Ihr Brustbein legen, können Sie die Vibration dieses leisen Tones spüren. Achten Sie auch hier wieder darauf, wie sich Ihre Füße auf dem Boden bewegen. Wie ist Ihre Körperhaltung? Wie schauen Ihre Augen? Welche Emotionen passen zu diesem Ton?

»Violien« ist ein sehr meditativer Ton, der Sie zu sich selbst zurückbringen kann und den Sie gut einsetzen können, wenn Sie den Kopf voller Gedanken haben und gerne Ihren inneren Dialog zur Ruhe kommen lassen möchten.

Übung: Entdecken Sie die Diva in sich mit dem Kopf-Ton »Vyoline«

Wie schon zuvor bewegen Sie sich wieder durch den Raum und richten nun Ihre Aufmerksamkeit auf den Bereich der Kiefer, der Nase und der Stirnmitte. Jetzt lassen

Sie, am besten aus der Mitte der Stirn, Ihrem dritten Auge, mehrmals hintereinander ein lautes »***Vyoline***« ertönen. Achten Sie auch hierbei wieder darauf, wie sich Ihre Füße auf dem Boden bewegen, wie Ihre Körperhaltung ist, wie Sie aus den Augen schauen und welche Emotionen zu diesem Ton passen.

»Vyoline« ist der Operndiva-Ton an sich, und er kann wunderbar dann eingesetzt werden, wenn Sie einmal etwas schriller sein möchten oder gar ein wenig zickig und divenhaft.

Ich möchte ich Ihnen an dieser Stelle gerne von einer Begebenheit aus dem Coaching berichten. Eines Tages kam eine hoch kompetente Topmanagerin zum Zwecke der Beratung zu mir. Sie war sehr klein und zierlich, geradezu elfenhaft. Zudem war sie sehr mädchenhaft und nicht Ihrer Position angemessen gekleidet. Ständig lächelte und kicherte sie unsicher und legte dazu den Kopf schräg zur Seite. Doch die Krönung war ihre zart gehauchte, glockenhelle Stimme, mit der sie dann ihr Hilfebegehren vortrug. Sie fühlte sich nämlich überhaupt nicht wahr- und ernst genommen von ihren männlichen Kollegen, die sie zudem als ausgesprochene Platzhirsche beschrieb. Oooohh, da gab es doch so einiges zu tun, und neben dem Training ihres Selbstbewusstsein und einer souveränen Körpersprache arbeiteten wir auch an einer sonoreren Stimme.

Ihre Favoriten wurden bald die Übungen »Hole« und »Vyoline«, mit denen sie sich bis zum heutigen Tag vor wichtigen Besprechungen, Vorstands- und Aufsichtsratssitzungen einstimmt. Je nach Bedarf, ob sie beispielsweise einmal kraftvoll ihren Standpunkt klarmachen möchte oder auch ein Anliegen einmal etwas koketter vortragen will, setzt sie die Übungen vorab ein (in ihrem Büro oder gar auf der Toilette, wenn sonst gerade niemand vor Ort ist). Und glauben Sie mir, sie ist nicht nur äußerst sichtbar und scheinbar größer geworden, sie wird inzwischen auch sehr sehr ernst genommen von ihren Kollegen und bekommt zudem alles durchgesetzt, was sie sich vorgenommen hat. Sie sehen, es lohnt sich, die Stimme zu trainieren.

Gönnen Sie sich ein wenig Entspannung

Nachdem Sie nun so großartig Ihre Stimme und, wie ich hoffe, auch Ihre Stimmung belebt und entspannt haben, ist es Zeit für einige zusätzliche Entspannungssequenzen.

Übung: Massieren Sie Ihren Kopf von innen

Wenn Sie wieder einmal Ihren Verstand so herrlich angefüllt haben mit wichtigen und unwichtigen Dingen, gönnen Sie sich und ihm eine kleine Pause, indem Sie ihren Kopf von innen heraus massieren.

Bitte verschließen Sie dazu mit den Daumen Ihre Ohren und legen Sie die anderen Finger beider Hände vor Ihren Mund.

Nun erzeugen Sie für zwei bis drei Minuten wiederholt ausdauernde Summtöne und konzentrieren sich dabei auf die Empfindungen in Ihrem Kopf.

Wie fühlen Sie sich? Erholt?

Übung: Gönnen Sie sich ein wenig bewegte Lockerheit

Stellen Sie sich bequem hin. Heben Sie nun die linke Schulter, halten kurz inne und lassen dann die linke Schulter wieder fallen. Heben Sie die rechte Schulter, halten kurz inne und lassen auch die rechte Schulter wieder fallen. Wiederholen Sie das Heben und Fallenlassen im Wechsel links und rechts in Ihrem Rhythmus. Atmen Sie beim Schulterheben durch die Nase ein und beim Fallenlassen durch den Mund aus.

Lassen Sie nun beim Ausatmen Ihren Kopf aus der Mittellage sanft nach vorne sinken und richten Sie Ihren Kopf beim Einatmen wieder auf. Wiederholen Sie das Heben und Senken Ihres Kopfes nun zusammen mit dem Schulterheben und -fallenlassen in Ihrem Rhythmus. Nun lassen Sie beim Ausatmen und Kopfsenken noch ein Zischen oder Pfeifen kommen und heben Sie Ihren Kopf erst, wenn Sie einatmen müssen.

Jetzt kreisen Sie mit den Schultern nach vorne, dann nach hinten.

Kreisen Sie mit dem Becken linksherum, dann rechtsherum. Bewegen Sie das Becken und stellen Sie sich dabei vor, Sie hätten auf dem Kopf ein gefülltes Glas Wasser stehen. Kreisen Sie so auch mit Ihrem linken Fuß und dann mit dem gesamten linken Bein. Wiederholen Sie das Ganze mit dem rechten Fuß, dem rechten Bein. Das Ganze schaffen Sie natürlich, ohne ein Tröpfchen Wasser aus dem auf Ihrem Kopf stehenden Glas zu verschütten! Nicht wahr?

Bewegen Sie nun Ihren ganzen Körper. Werfen Sie dabei Ihre Arme, dann Ihre Beine in die Luft und, wenn Sie mögen, auch alle Gliedmaßen gleichzeitig.

Jetzt schütteln Sie Ihren Körper aus. Atmen Sie dabei

tief durch die Nase ein und mit einem Stoß durch den Mund aus. Bewegen Sie sich dann im ganzen Raum. Gehen Sie auch in alle Ecken und Nischen. Lassen Sie beim Gehen Ihre Arme locker baumeln.

Wenn Sie mögen, legen Sie nun noch rhythmische Musik auf und wippen dazu leicht und locker mit dem Kopf, so als wären Sie eine Stoffpuppe. Und dann tanzen Sie nach Lust und Laune, ganz so, wie es Ihnen nun gerade zumute ist.

Und dann werden Sie wieder langsamer, noch langsamer und bleiben dann stehen. Spüren Sie nach, wie Sie sich jetzt fühlen. Entspannt?

Übung: Schöpfen Sie Kraft und tanken Sie Energie

Diese Übung können Sie sich übrigens auch gut auf Band sprechen und sich dann sehr nett von Ihrer angenehmen Stimme einsäuseln und entspannen lassen. Sie können sich den Text natürlich auch vorlesen und sich so noch mehr verwöhnen lassen.

Setzen oder legen Sie sich hin, ganz wie Sie mögen.

Nun schließen Sie die Augen und konzentrieren sich auf Ihren Körper.

Wenden Sie Ihre Aufmerksamkeit nach innen und finden Sie heraus, was in Ihren Körper gerade geschieht.

Ist Ihre Position, Ihre Lage wirklich ganz bequem? Machen Sie es sich ruhig noch ein wenig bequemer, so lange, bis Sie es wirklich ganz bequem haben. Fühlen Sie sich nun ganz entspannt? Wenn irgendein Körperteil noch verspannt ist, so spannen Sie ihn ruhig ganz bewusst an und lassen dann los. Wiederholen Sie das ruhig einige Male.

Nun achten Sie wieder einmal auf Ihren Atem. Wie atmen Sie? Spüren sie, wie die Luft durch die Nase oder den Mund ein- und ausströmt. Spüren Sie, wie die Luft beim Einatmen durch den Hals in die Brust und in den Bauch flutet.

Und jetzt stellen Sie sich vor, dass Ihr Atem kommt und geht wie die sanften Wellen am Ufer des Meeres, und dass mit jedem Atemzug etwas von der Spannung aus Ihrem Körper entweicht. Spüren Sie, wie Sie sich mehr und mehr entspannen.

Und nun stellen Sie sich Ihre Kraftquelle oder irgendeine andere Energiequelle vor. Sehen und spüren Sie, wie sie Sie erwärmt und Ihnen Energie zuführt.

Spüren Sie, wie die Energie von vorn überall in Ihren Körper einströmt, und nehmen Sie mit jedem Ihrer Atemzüge etwas von dieser Energie in sich auf.

Nun stellen Sie sich vor, dass dieselbe Energiequelle hinter Ihnen ist. Spüren Sie, wie die wohltuende Energie Ihren Rücken hinauf- und hinabfließt und wie sie in Ihren Körper strömt.

Jetzt stellen Sie sich Ihre Energiequelle an Ihrer rechten Seite vor und spüren Sie, wie Ihre rechte Seite von und mit der Energie aufgeladen wird.

Nun stellen Sie sich die Energiequelle auch auf Ihrer linken Seite vor und spüren Sie, wie Ihre linke Seite von dieser wunderbaren Energie aufgeladen wird.

Und dann stellen Sie sich Ihre Energiequelle über sich vor. Spüren Sie, wie die Energie von oben über Ihren Kopf in Ihren Körper fließt.

Nun stellen Sie sich die Energiequelle unter sich vor und spüren Sie, wie die Energie von den Fußsohlen aufgesogen wird und wie sie langsam aufsteigt und Ihren ganzen Körper erfüllt – bis in jede Zelle, bis in jedes Atom hinein, und auch zwischen den Atomen und Zellen.

Konzentrieren Sie sich noch einmal ganz auf Ihren Körper und spüren Sie, wie nach wie vor Energie von vorne, hinten, rechts, links, oben und unten in Sie einströmt und wie Ihr ganzer Körper erfüllt ist von dieser wunderbaren Energie. Und wie auch jede Zelle und jedes Atom und jeder Zwischenraum funkelt und glitzert in herrlicher Energie und vollkommen angefüllt damit ist. Genießen Sie es noch für eine Weile.

Und wenn Sie sich dann gut erholt fühlen, dann zählen Sie einfach von zehn rückwärts bis eins, und wenn Sie bei eins angekommen sind, öffnen Sie wieder die Augen und spüren, wie Sie sich ganz wach und erfrischt fühlen.

Ich hoffe, dass die Übungen dieses Kapitels Sie gut entspannt, zum Durchatmen und in eine gute Stimmung gebracht haben. Und ich möchte es auf keinen Fall versäumen, Ihnen zum Abschluss wieder herzlich zu gratulieren für all die Fortschritte, die Sie bereits gemacht haben und noch weiter machen werden. Glückwunsch! Jawohl, genau!

8. Wie der Gegenteiler Ihnen die Sprache Ihres Körpers bewusst macht

Was ist eigentlich Körpersprache und was teilt sie uns mit?

Das Lebensspiel des Gegenteilers ist ein sehr körperliches. Clown- und Gegenteiler-Theater ist reines Emotions- und Körperspiel. Der Gegenteiler liebt es, ganz in seiner emotionalen Körperlichkeit zu sein, mit seinem Körper sehr bewusst umzugehen und dessen hauseigenes Sprachenprogramm gut zu verstehen und zu nutzen. Samy Molcho, der große Pantomime und Spezialist für Körpersprache, hat einmal gesagt: »Ihr Körper spricht immer, ob Sie wollen oder nicht.«

Schon rein evolutionär gesehen sind wir menschliche Wesen ja soziale Säugetiere und schon deshalb an den körperlichen Botschaften unserer Mitsäuger nicht nur äußerst interessiert, sondern auch auf sie angewiesen. Körpersprachlich bewegen wir uns tatsächlich auch heute noch auf dem Niveau des Neandertalers und pirschen uns bei einer Begegnung mit einem anderen Wesen mit aller Wachsamkeit an, als könnte dieses ein Säbelzahntiger sein. So wird jedes Signal, das bei uns eintrifft, völlig unbewusst von uns so schnell wie möglich nach bestimmten Kriterien erforscht. Wir entscheiden blitzschnell, ob uns da ein Freund (Bereicherung) oder ein Feind (Gefahr) gegenübersteht, ob die Situation von Vorteil oder Nachteil für uns sein könnte und ob es sich bei der Begegnung um einen Gewinn oder um einen Verlust für uns handeln könnte. So etwas nennt sich unbewusste Wahrnehmung. Sie interpretiert die Absichten oder Empfindungen anderer Lebewesen, vor allem anhand von Körperbewegung und Gesichtsausdruck.

Dabei nehmen wir nicht nur das Verhalten der anderen unbewusst wahr, wir erhalten auch sofort Botschaften, die meistens über körperliche und unbewusste emotionale Reaktionen ablaufen. Die verstandesmäßige, rationale Verarbeitung dieser Reaktionen erfolgt viel später. Es ist tatsächlich wissenschaftlich erwiesen, dass der größte Teil unserer Empfindungen zuerst auf dieser unbewussten Ebene erfolgt.

So werden zum Beispiel unsere Hände feucht, noch bevor wir wissen, dass wir Angst haben oder aufgeregt sind. Wie häufig erleben wir, dass unangenehme Gefühle in uns aufsteigen, wir uns plötzlich unwohl fühlen, vermeintlich, ohne die Ursache zu kennen. Jede Veränderung im Verhalten eines anderen Menschen, und sei sie noch so gering, wird sofort unbewusst registriert und ruft in uns eine Reaktion hervor, ohne von uns bewusst wahrgenommen zu werden.

Auch die »Liebe auf den ersten Blick« ist manchmal bereits spürbar, noch bevor wir mit der betreffenden Person ein Wort gewechselt haben. Dank unserer körpereigenen Hormonausschüttungen kann der Anblick von bestimmten Menschen bei uns sofort die wunderbarsten körperlichen Reaktionen hervorzaubern, zum Beispiel das Schweben auf rosa Wölkchen oder auch die sehr hübschen bunten Schmetterlinge in unserem Bauch, die erst später von unserem Verstand als »Liebe« gewertet werden.

Das Erste, was wir von einem Menschen wahrnehmen, ist seine Körpersprache. Da die Gestik am meisten vom Unterbewussten gesteuert wird, kann sie nicht bewusst verstellt werden. Aus diesem Grund verrät die Körpersprache vieles über den Menschen, denn sie ist auch seine »Geschichte«. Wenn wir aufmerksam sind, werden wir automatisch zu »Spurenlesern« und lernen so einen bisher fremden Menschen besser kennen.

Unsere erste Wahrnehmung, wenn wir jemandem begegnen, läuft vollkommen automatisch ab, über unsere Sinne. Sobald wir zum Beispiel jemandem die Hand geben, entwickeln wir automatisch Bilder von diesem Menschen, die unsere weiteren Reaktionen irgendwie beeinflussen. Sie sehen also, unsere (Vor-)Urteile werden durch diesen ersten Händedruck bereits in Gang gesetzt! Ist das nicht fantastisch? Obwohl diese Bilder zunächst noch keiner Wahrheit entsprechen, sondern nur unserer Vorstellung entspringen, neigen wir dazu, sie als solche zu deuten. Und möglicherweise haben wir auch sofort das passende Schublädchen bereit, in das wir diese Person stecken können.

Wir wissen heute, dass die Wirkung einer anderen Person auf uns zu dreiundneunzig Prozent nonverbal erfolgt. Mit fünfundfünfzig Prozent nehmen wir sie über die Körpersprache wahr, das heißt über die Atmung, die Hautfärbung sowie Gestik und Mimik. Schwups, schon ist ein Bild in uns über diese Person entstanden, ohne dass sie auch nur ein Wort gesprochen hätte. Achtunddreißig Prozent des Eindruckes nimmt dann die Stimme ein sowie deren Volumen, Schwingung und Sprechgeschwindigkeit.

Und jetzt kommt es: Nur winzig kleine sieben Prozent nimmt der Bereich des Inhaltes ein, also die Bedeutung der gesprochenen Worte.

Es ist also fast völlig egal, was jemand sagt, wichtig ist vielmehr, wie der- oder diejenige es sagt. Denn auch ein Großteil des Lernens geschieht auf dieser unbewussten

Wahrnehmungsebene, dies ist ebenfalls inzwischen wissenschaftlich belegt. Spricht der Vortragende lebhaft, lebendig und mit gut intonierter Stimme, so können wir uns auch merken, was er erzählt.

Dazu möchte ich Ihnen ein kleines Beispiel aus meinem beruflichen Leben erzählen. Ich war vor einiger Zeit dazu eingeladen, einen Vortrag vor 200 männlichen Führungskräften zum Thema »Humor am Arbeitsplatz« zu halten. Vor mir war ein Marktforscher an der Reihe, der über eineinhalb Stunden ein Referat über die aktuellsten Ergebnisse im entsprechenden Wirtschaftsbereich hielt. Dies tat er per Beamer-Präsentation. Obendrein stand er noch auf einer sehr hohen und wenig beleuchteten Bühne, zudem unglücklicherweise auch noch mit dem Rücken zum Publikum gewandt. So konnte er zwar besser lesen, was er eigentlich hätte auch so wissen müssen, doch leider konnten die Zuhörer und Zuschauer nur seine braun gekleidete Anzugrückfront betrachten. Zusätzlich stellte er seine endlos aneinandergereihten Statistiken in Zeitlupe vor, mit äußerst sparsamer Körpersprache und mit monotoner Stakkatostimme. Er sprach also wie ein gelangweiltes Maschinengewehr, schnell, absolut monoton und langsam knatternd.

Tja, und was soll ich Ihnen sagen? Nach spätestens fünf Minuten schlief der Herr zu meiner rechten Seite laut und vernehmlich ein. Und am Ende der Vortragszeit schallte ein großes gemeinschaftliches Schnarchen durch den ganzen Raum, und ich war wohl die Einzige, die noch wach war und das auch nur, weil ich mir die ganze Zeit über Gedanken machte, wie ich die Herren zu meinem Vortrag wieder aufwecken und erfrischen könnte. Glücklicherweise ist mir das auch gelungen, indem ich sie recht schnell zum Lachen bringen konnte.

Lernen Sie verschiedene Persönlichkeitstypen kennen

Jede Person hat ihre höchst eigene Körpersprache, die zum einen genetisch geprägt ist und zum anderen durch die Kultur, die individuelle Lebenserfahrung und das soziale Umfeld, in dem jemand aufwächst. Unsere Körpersprache ist nicht nur ein Teil, sie ist der stärkste Ausdruck unserer Persönlichkeit. Wenn wir unsere Wahrnehmung trainieren, können wir sogar sehr viel über einen Menschen herausfinden, so zum Beispiel nur durch die Art, wie er ein Zimmer betritt.

Es ist immer lehrreich (und auch sehr unterhaltsam), mehr über unseren eigenen Körperausdruck zu erfahren. Gleichzeitig sind wir aber auch in der Lage, die Gedanken und Gefühle, das heißt die Persönlichkeit eines anderen Typus, zu erspüren, wenn wir uns die Körpersprache dieses »Typus« vorübergehend und spielerisch aneignen. Probieren Sie es doch am besten gleich einmal aus.

Übung: Lernen Sie verschiedene Persönlichkeitstypen kennen

In der folgenden Übung können Sie nacheinander genussvoll und spielerisch die Persönlichkeiten von verschiedenen Typen einnehmen:

- *Der dominante Mensch.* Er macht große Schritte, geht sehr aufrecht und schwingt seine Arme dabei gewichtig. Seine Stimme ist sonor, laut und tief.
- *Der leichtfüßige oder fröhliche, manchmal leicht hysterische Mensch.* Er ist sehr freundlich, lächelt viel und bewegt sich leichtfüßig, fast wie im Tanz.

- *Der wohlwollende Mensch.* Er ist einfühlsam und zeichnet sich durch seine leicht zögernden Bewegungen aus. Er grüßt bedeutungsvoll und schaut seinem Gegenüber lange in die Augen.

Nun können Sie sich schon einmal lustvoll auf den Weg machen, gehen im Raum umher und versuchen, Ihre Körperhaltung so zu gestalten, dass die oben erwähnten Körper-Muster zum Ausdruck kommen. Können Sie die Unterschiede in Körpersprache und Emotion bei diesen drei Persönlichkeitstypen erkennen und spüren?

Übung: Reagieren Sie mit Ihrer Mimik, Gestik und Haltung

Körpersprache und Emotion spielen intensiv zusammen. Um Ihnen das deutlicher zu machen, möchte ich Ihnen die nächste kleine Übung aus dem Gegenteiler-Trainingsprogramm vorstellen. Dazu ist es notwendig, Ihre Mimik erst einmal in eine Neutralstellung, in »Nullposition« zu bringen. Sie machen also ein absolut mimikfreies »Pokerface«.

Nun werde ich Ihnen gleich einige kleine Aufgaben für Haltung und Mimik stellen, und Sie bringen diese jeweils in drei verschiedenen und nacheinander folgenden Situationen zum Ausdruck, das heißt, Sie stellen die Reaktionen auf bestimmte Zustände und Begebenheiten dar und bringen die Veränderungen in Nuancen der Mimik und der Haltung zum Ausdruck – jeweils ein kleiner, aber intensiver Ausdruck.

Nach jeder Aufgabe und auch nach jeder Übung neutralisieren Sie Ihre Haltung und Mimik wieder, bringen sie »auf null« und machen Ihr nunmehr schon perfektes Pokerface.

Aufgaben:

- Sie riechen etwas sehr Angenehmes.
- Sie hören einen gar scheußlichen Ton.
- Sie haben plötzlich nach sehr, sehr langem Grübeln einen erhellenden Gedanken.
- Sie betrachten sich selbst im Spiegel voller Wohlgefallen und sind äußerst zufrieden mit dem, was Sie sehen.
- Sie betrachten etwas in weiter Entfernung und amüsieren sich darüber sehr.

Situation 1:

Sie sitzen auf einem Stuhl und spielen die oben aufgeführten Aufgaben nacheinander durch. Bleiben Sie ruhig für eine Weile beim Spiel mit jedem Aufgabensatz. Allerdings hat die Übung einen Haken: Sie dürfen jetzt nur ausschließlich mit Ihrer Mimik reagieren, also weder mit Gesten, Ihrem sonstigen Körper noch mit Ihrer Stimme.

Bringen Sie dann nach jeder Aufgabe und zum Abschluss der Übung Ihr Gesicht wieder in »Nullposition« zurück.

Situation 2:

Nun gehen Sie im Raum umher und spielen pantomimisch die obigen fünf Reaktionen. Diesmal dürfen Sie nur mit Ihrer Mimik und Ihrer Körperhaltung reagieren, nicht mit Ihrer Stimme! Neutralisieren Sie zwischen den einzelnen Darstellungen und zum Ende Ihre Körperhaltung und Ihre Mimik wieder.

Situation 3:

Jetzt gehen Sie ebenfalls im Raum umher und spielen die fünf Reaktionen mit Mimik, Gestik, Haltung und Tönen. Sie dürfen jetzt also wie wild geworden grimassieren, sich nach Herzenslust bewegen, mit Armen und Beinen herumfuchteln und aus voller Kehle Geräusche von sich geben. Auch hierbei neutralisieren Sie wieder zwischen den einzelnen Darstellungen Ihre Körperhaltung und Ihre Mimik, auch wenn's nun schwerfällt.

Ist Ihnen etwas aufgefallen? Wenn Sie sich so richtig schön den Situationen hingegeben haben, konnten Sie sicherlich feststellen, dass erst der Einsatz des gesamten Körpers, also Mimik, Gestik, Körpersprache und Stimme gemeinsam, ein Gefühlserleben so richtig vollständig zum Ausdruck und damit auch zur vollen Emotion bringen kann. Ist das nicht fantastisch? Je sparsamer wir mit unserem Gefühlsleben und unserem körpersprachlichen Ausdruck umgehen, desto schwächer ist auch unsere Ausdruckskraft. Je lebendiger und intensiver Sie also Ihren ganzen Körper sprechen lassen, umso lebhafter können Sie auch Ihren Gefühlen Ausdruck verleihen. Großartig!

Machen Sie sich spielerisch Ihre innere und äußere Haltung bewusst

Unter dem Begriff »Haltung« können wir verschiedenes verstehen. Zum einen meinen wir damit die *äußere Haltung*, nämlich unsere *Körperhaltung*, also die Art und Weise, wie wir stehen, sitzen und unseren Körper bewegt einsetzen. Zum anderen bezeichnen wir mit »Haltung« auch die *innere Haltung* eines Menschen, das heißt seine innere Gestimmtheit und Einstellung.

»Nehmen Sie Haltung an!« ist ein beliebter Spruch beim

Militär und auch anderswo, und darunter wird im Allgemeinen die äußere Haltung »Strammstehen« verstanden und die damit verbundene innere Haltung »Gehorsam«. Der Gegenteiler nimmt gerne »Haltung« an, indem er seine lebhafte, emotionsreiche Innenwelt mit seiner äußeren Körperhaltung vereint und zusammenspielen lässt. So ist und wirkt er erst authentisch. Mir liegt es sehr am Herzen, Ihnen immer wieder bewusst zu machen, dass Sie selbst es sind, die Regie führen über Ihr Leben, Ihre Emotionen und Ihre Körpersprache, und dass es Spaß machen kann, alles miteinander in Einklang und Wahrhaftigkeit zu bringen. Sie können tatsächlich durch eine Veränderung Ihrer äußeren Haltung auch Ihre innere Haltung positiv beeinflussen. Umgekehrt klappt es natürlich auch, doch das ist ja hier nicht das Ziel.

Äußere und innere Haltung sind also untrennbar miteinander verbunden und hängen voneinander ab, wie Sie ja in den vorherigen Übungen bereits erkannt haben. Es ist völlig unmöglich, bestimmte Dinge zu tun oder zu empfinden, wenn die äußere Form nicht stimmig ist. Wenn Sie mögen, so experimentieren Sie doch mit den nächsten kleinen Übungen und spüren einmal selbst deren Wirkung auf sich.

Übung: Machen Sie sich spielerisch Ihre innere und äußere Haltung bewusst

Am besten stehen Sie dazu auf und nehmen sich ein wenig Platz für sich in Ihrem Raum.

- Ziehen Sie zuerst Ihre Schultern bis zu den Ohren hoch und versuchen Sie, in dieser Haltung ein Gefühl von Sicherheit zu bekommen.
- Nun senken Sie Ihren Kopf, schauen zu Boden und versuchen dabei, fröhlich zu sein.

- Jetzt ballen Sie Ihre Fäuste, legen Ihre Stirn in sorgenvolle Falten, beißen Ihre Zähne zusammen und seien Sie nun ganz entspannt und denken an etwas Schönes.
- Streichen Sie sich nun genussvoll mit der Zunge über die Lippen, nehmen Sie eine offene und freundliche Körperhaltung ein und denken Sie negativ über das Leben nach.

Gelingt Ihnen dieses konträre Spiel zwischen Emotion und Körper? Es kann einfach nicht funktionieren, denn die äußere Haltung passt nicht mit der inneren Empfindung zusammen. Eine gespannte äußere Haltung lässt kein inneres Gelöst-Sein zu, sowie eine innere Anspannung einen lockeren Körper unmöglich macht.

Übung: Die vier Elemente in Haltung und Körperschwerpunkt

Unsere innere Einstellung steht nicht nur mit einer bestimmten äußeren Haltung in Verbindung, sie bildet auch einen speziellen Schwerpunkt im Körper. Ich möchte Ihnen diese besondere Beziehung anhand einer Übungsfolge aus dem Körpertheater bewusst machen. Damit Sie die unterschiedlichen Körperschwerpunkte gut spüren können, ist es hilfreich, wenn Sie sich wieder hinstellen. Ja, Bewegung bringt Beweglichkeit, auch innere!

Die *Grundhaltung*:
Stehen Sie aufrecht, mit beiden Beinen sicher auf dem Boden, die Füße sind schulterbreit auseinandergestellt, die Knie leicht gebeugt.

Das Element Erde

Der »gestandene Mensch« steht mit beiden Beinen auf der Erde, er ist »standfest« und »verwurzelt«, er ist ein »erdiger Mensch«.

- Ihre beiden Beine ruhen wie Säulen auf dem Boden, darüber bildet das Becken zusammen mit den Beinen ein Gewölbe.
- Ihr Körper steht ruhig und unverrückbar wie ein Baum oder ein Fels, jedoch nicht starr und unbeweglich, sondern durchaus dynamisch, seine Kraft aus der Erde ziehend.
- Der Atemschwerpunkt des Körpers ist das Ausatmen, dadurch wird Ihre Stimme fest und bestimmt. Ihr Körper steht sicher und fest da, wie ein »Fels in der Brandung«.

Das Element Luft

Nehmen Sie wieder die Grundhaltung ein.

- Stellen Sie sich vor, dass sich ein Kragen aus einem leichten, luftundurchlässigen Material ganz sanft um Ihre Schultern und Ihren Nacken legt. Der Kragen füllt sich mit leichter und freundlicher Luft. Sie spüren, wie Ihr Körper nun vom Nacken her leicht angehoben wird. Sie werden ganz leicht und beginnen zu schweben. Sie fühlen sich wie auf Wolken, Sie fühlen sich »high« und leben wie im Wolkenkuckucksheim.
- Ihr Atemschwerpunkt ist das Einatmen, dadurch wird Ihre Stimme heiter und schwebend, so wie das beseelte, gickernde Sprechen und Kichern im Glückszustand. Nur in dieser Haltung gelingt es, in der Kopfstimme zu singen oder zu sprechen. Eben diese Stimme lässt an einen Engelschor oder an das Schweben im Weltraum denken.

Das Element Wasser

Nehmen Sie wieder die Grundhaltung ein.

- Stellen Sie sich vor, dass Sie bis zu den Schultern im Wasser eines Schwimmbeckens stehen und sich fast schwerelos fühlen. Sie spüren den Auftrieb, zugleich aber auch, dass Ihr Körper schwerer ist als das Element. Dies versetzt Sie in einen Schwebezustand, der ähnlich dem der Luft ist, jedoch nicht emporgehoben fliegend, sondern verweilend, schwimmend.
- Die Wellenbewegungen des Wassers gehen in Ihren Körper über, er bewegt sich im Rhythmus des Elements auf und ab, von der sich leicht kräuselnden Welle bis zur gischtenden Brandung.
- Der Atemschwerpunkt ist das Ein- und Ausatmen im bewussten Wechsel von Abnehmen, kurzem Innehalten, Zunehmen und wieder Innehalten bis zum Ausatmen. Ihre Stimme wird dadurch wellenartig sanft oder aggressiv an- und abschwellend. Die Sprache wird einlullend oder drohend anschwellend.
- Der Schwerpunkt dieses Elements befindet sich in der Körpermitte, sendet von dort aus Wellen, die wieder zum Körpermittelpunkt zurückkehren.

Das Element Feuer

Nehmen Sie wieder die Grundhaltung ein.

- Atmen Sie nun ruckartig aus der Körpermitte heraus. Dadurch werden das Zwerchfell und die Bauchdecke bewegt, der Atem wirkt wie das unruhige Flackern einer Kerze. Diese Atmung breitet sich nun über Ihren ganzen Körper aus: Sie können nicht mehr ruhig stehen, »die Glut verzehrt« Sie. Blitze schießen aus Ihren Fingern. Das Element Feuer hat Sie ergriffen.
- Die Bewegungen Ihres Körpers können einschmei-

chelnd, leise glimmend und doch auch besitzergreifend und auch verzehrend sein. Ihr Körper ist unruhig, von einer stetig und oft wechselnden Spannung getragen. Nie entspannt er sich ganz, es sei denn, die Flamme erlischt. Mir fallen dazu die Bilder ein: »der feurige Liebhaber«, »Feuer im Blut haben«, »jemanden Feuer unters Hinterteil legen«.

Nun haben Sie eine kleine Körperreise durch die vier Elemente gemacht. Konnten Sie die unterschiedlichen Schwerpunkte erspüren?

Übung: Spielen Sie mit Kontakt, Ausdruck und Bewegung

Wenn Sie nun ein wenig Freude an Ihrem sprechenden Körper gefunden haben, so können Sie zum Abschluss noch ein wenig in Gegenteiler-Manier variations- und phantasiereich mit ihm spielen.

Zunächst einmal gehen Sie wieder wunderbar aufrecht und im eigenen Tempo und Rhythmus durch den Raum. Nun werden Sie schneller, schneller und noch schneller.

Sie gehen nun kreuz und quer durch den Raum (er sollte allerdings schon etwas größer als eine Abstellkammer sein) und nutzen auch die Ecken des Zimmers gründlich aus.

Probieren Sie auch verschiedene Gehrichtungen aus und gehen Sie ebenfalls vorwärts, rückwärts und seitwärts. Verändern Sie auch immer einmal wieder das Tempo.

Nun testen Sie verschiedene Gangarten: Sie hüpfen, schleichen und flanieren. Dabei begrüßen Sie nach Lust und Laune alle möglichen imaginären Personen oder auch reale, falls Sie diese Übung mit einem oder mehreren Partnern erproben wollen, was ja ohnehin noch mehr Freude bereiten könnte.

Jetzt probieren Sie unterschiedliche Stimmungen während des Umhergehens aus: Seien Sie grimmig, cool, albern, erschrocken, verwegen und fröhlich.

Und nun gehen Sie wie ein mutiger Abenteurer, wie ein Preisboxer, wie ein Elendshäufchen, wie ein höchst wichtiger Chefarzt, wie ein Philosoph, wie ein Musterschüler, wie eine feine Dame und wie ein verspieltes Kind.

Und nun gehen Sie wieder, wie Sie eigentlich gehen – in Ihrem Wunschgang, mit einem Strauß imaginärer bunter Luftballons an Ihren Rippen, Ihren Lippen und Ihren Jochbeinbögen und lauter funkelnden, strahlenden Sternen in Ihren Augen, und vielleicht auch sogar noch mit Ihrem »Ich-bin-Ich«-Mantra. Und damit schließen Sie dann diese Übung ab.

Viel Freude und Vergnügen!

9. Wie der Gegenteiler Sie in wertschätzender Kommunikation unterstützt

Der Gegenteiler ist ein Botschafter für positive Energie und Wertschätzung. Es ist die Energie, die direkt aus seinem Herzen strömt und die auch andere Menschen in ihrem Herzen berührt. Sein Wunsch und Ziel ist es, die Menschen in ihrem Wesenskern zu erreichen und mit seinem chronischen Positivismus und herzlichen Enthusiasmus anzustecken.

Heutzutage herrscht in der Kommunikation der westlichen Industrieländer, und hier ganz besonders ausgeprägt im deutschsprachigen Raum, ein »Nein« vor und ein »Ja, aber…«, das dem »Nein« durchaus gleichzusetzen ist. Wie schon ganz zu Anfang dieses Büchleins beschrieben, sind »Nein« und »Ja, aber« »Killerphrasen«, die eine wertschätzende Kommunikation abblocken und nicht nur den Sprecher, sondern vor allem auch dessen Gegenüber erst einmal sprachlos machen. »Ja, aber« wertet ab und lässt die Energie eines gemachten Vorschlages sofort abflauen. Der Gesprächspartner fühlt sich mit seinem Angebot abgelehnt und ihm fällt zunächst auch nichts Weiteres mehr dazu ein.

Wenn wir anderen Menschen begegnen, sollten wir uns immer wieder fragen, wie wir uns ihnen zumuten wollen. Wen beeinflussen wir gerade? Und wie? Und bitte denken Sie immer daran: Sie haben immer die Wahl, wie es aus Ihnen herausschallen kann! Miese Laune und Ärger sind genauso ansteckend wie gute Laune. Schlechte Stimmung kostet uns enorm viel Kraft und Energie, und meistens müssen wir dafür auch langfristig noch einen hohen Preis bezahlen, zum Beispiel mit Kopfschmerzen, Magengeschwüren, Herzproblemen oder Einsamkeit. Und Sie katapultieren sich mit einem »Nein!« oder einem »Ja, aber« aus dem Hier und Jetzt, mit einem »JA!« dagegen sind Sie ganz in der Gegenwart. Seien Sie hiermit noch einmal versichert und herzlich dazu eingeladen: Gute Laune, verbunden mit einem kräftigen »Ja!« zu sich selbst, bringt allen Beteiligten mehr positive Energie und Schwung! Jawohl, genau!

Spüren Sie die Energie von Ablehnung und Annehmen

Übung: Hau ab! – Friede sei mit dir!

Möchten Sie ein kleines Experiment wagen? Ich lade Sie hiermit ein, einmal einen Gegenteiler-Versuch zu starten, wenn Sie das nächste Mal durch die Straßen gehen oder in einem gut besetzten öffentlichen Verkehrsmittel stehen.

Probieren Sie doch zunächst einmal Ihre schlechte Laune aus, indem Sie innerlich (bitte nicht laut aussprechen, das könnte echten Ärger geben!!) an alle Menschen gerichtet denken: »Hau ab!«, »Geh weg!«, »Verpiss dich!«, und spüren Sie, was diese nur gedachten Worte mit Ihrer Energie veranstalten und wie die Reaktion der anderen Menschen ist, die Sie anschauen.

Und nun schalten Sie innerlich um in den Modus »Frieden sei mit dir! Ich mag mich und dich! Ich wünsche mir selbst und dir Gesundheit und alles Glück der Erde!« Schauen Sie den Leuten in die Augen, während Sie diesen Satz immer wieder wie ein innerlich gesprochenes Mantra denken. Wie verändert es Ihre Energie und wie sind die Reaktionen Ihrer Mitmenschen?

Viel Vergnügen!

Wünschen Sie auch den anderen das, was Sie sich für sich selbst wünschen. Ihre Seele und Ihr Unbewusstes hören Ihnen dabei genau zu, jedes Mal, wenn Sie einer anderen Person etwas Unangenehmes wünschen, und auch jedes Mal, wenn Sie einem anderen Menschen etwas Gutes wünschen. Wenn Sie sich mit Ihrem inneren »Ja!« und Ihrem Gegenteiler-Positivismus verbinden, kann Ihnen nichts so schnell die Stimmung verderben. Im Gegenteil! Dieser Zustand ist auch noch gesundheitsfördernd, während negative Emotionen Ihr eigenes Immunsystem und damit Ihre Gesundheit schwächen.

Übung: Wie Sie Ideen töten und zum Leben erwecken

Wenn Sie Lust haben, noch ein wenig weiterzuspielen, so können Sie in der nächsten Übung aus dem Improvisationstheater, am besten zusammen mit einem Spielpartner, noch einmal in vier Schritten die Energien von »Nein« und »Ja« erfahren. Hier machen sich zwei Personen gegenseitig Satz für Satz Angebote für ein gemeinsames Tun.

Schritt 1:
Beide Partner blocken die Angebote des anderen ab und machen dann sofort selbst ein Alternativangebot. Zum Beispiel:

A: »Ich möchte mir dir einen Kaffee trinken gehen.«

B: »Nein, keine Lust. Ich mag keinen Kaffee. Stattdessen könnten wir ja einen Spaziergang machen.«

A: »Nein. Ich hasse es, mich zu bewegen. Ich möchte mit dir lieber ins Kino gehen.«

B: »Nein. Kino finde ich langweilig, wir könnten doch stattdessen in den Zoo gehen.«

Und so weiter...

Schritt 2:

Jetzt lehnt einer der beiden Spielpartner noch weiter alle Angebote seines Gegenübers ab, während der andere alle Vorschläge annimmt. Zum Beispiel:

A: »Lass und etwas essen gehen.«

B: »Au ja, super! Das haben wir schon lange nicht gemacht. Und danach gehen wir in diese neue Edel-Diskothek zum Tanzen.«

A: »Nein. Tanzen ist doof. Lass uns lieber dann in die Spätvorstellung des neuen Kinos gehen.«

B: »Au ja, gute Idee! Da läuft gerade ein toller Film.«

Und so weiter...

Schritt 3:

Nun tauschen die beiden Spielpartner die Rollen, das heißt, der bisherige Neinsager wird jetzt zum Bejaher und umgekehrt.

Schritt 4:

In dieser letzten Runde bejahen beide Spielpartner und nehmen alle Angebote vom jeweils anderen an. Zum Beispiel:

A: »Hast du nicht Lust, mal wieder richtig schön am See wandern zu gehen?«

B: »Au ja, super Idee! Wir könnten mit dem Auto oder dem Motorrad zum See fahren und von dort aus loslaufen.«

A: »Au ja, klasse Vorschlag! Und wir probieren dann auch gleich die neuen Wanderstöcke aus, die wir uns zu Ostern geschenkt haben.«

B: »Ja, genau! Die können wir dann endlich einweihen. Und unseren neuen Rucksack nehmen wir auch mit und füllen ihn mit leckeren Dingen.«

A: »Au ja! Und wenn wir unsere Runde beendet haben, belohnen wir uns mit gutem Essen und Trinken.«

B: »Jawohl, großartig! Das haben wir uns ja dann auch verdient!

Und so weiter…

Viel Vergnügen!

Ist es Ihnen aufgefallen? Mit dieser einfachen Übung können Sie sehr leicht erfahren, wie ein »Nein« die Kommunikation abblockt und wie das »Ja« ein stärkeres Einlassen auf den Gesprächspartner bewirkt. Außerdem macht das Annehmen der Angebote mehr Freude und hat eine produktivere, kreativere und humorvollere Kommunikation zur Folge.

»Killerphrasen« und wie Sie darauf geschickt kontern

Bevor Sie mit dem Kontern beginnen, möchte ich Ihnen noch einmal meine Hitliste der beliebtesten deutschen »Killerphrasen« vorstellen:

- Ja, aber …!
- Das geht nicht, weil …!
- Das ist doch völlig unrealistisch!
- So kann das doch nie klappen!
- Von Ihnen kommen überhaupt nie sinnvolle Beiträge!
- Sie verstehen davon ja überhaupt nichts!
- Das kannst du doch sowieso nicht!
- Dazu bist du sowieso viel zu doof!
- Sind Sie immer noch nicht fertig?
- Kommen Sie immer so viel zu spät?
- Sie lügen mich doch sowieso ständig an!
- Sie haben keine Ahnung, aber davon eine ganze Menge!
- Viel zu teuer!
- Zu kompliziert und zu riskant!
- Warum sollten wir das ändern?
- Es ist erwiesen, dass …!
- Die Praxis sieht aber ganz anders aus …!
- Wie wollen Sie das denn machen?
- Das haben die in Amerika auch schon versucht …!
- Das machen wir hier schon seit zwanzig Jahren so …!

»Killerphrasen« enthalten gerne und typischerweise die Wörter *»immer«*, *»nie«*, *»jedes Mal«*, *»ständig«* … und damit blockieren sie noch zusätzlich jegliche konstruktive Kommunikation.

Übung: »Killerphrasen« und wie Sie geschickt darauf kontern

Und so kontern Sie nett und energieschonend auf »Killerphrasen«: Nehmen Sie sich wieder einen Spielpartner zur Seite oder spielen Sie mit Ihrem Spiegelbild. Formen Sie nun als Erstes ein Din-A-4-Blatt zu einem Ball. Dann wirft A den Ball zu B und spricht eine der beliebten »Killerphrasen« aus, zum Beispiel: »Das kann doch sowieso nie klappen!«

Der Empfänger (B) nimmt einen tiefen Atemzug, tritt einen Schritt zur Seite und antwortet während des nächsten Ausatmens, zum Beispiel mit:

- »Wie meinst du das genau?«
- »Ich bin überrascht, wie schnell Sie aufgeben.«
- »Wenn ich Sie richtig verstehe, sind Sie mit der bisherigen Vorgehensweise nicht einverstanden?«
- Schweigen
- Lachen
- »Ja, genau, und ...«
- »Und wie lösen wir das jetzt gemeinsam, damit es klappen kann?«

Und erst danach tritt er wieder in seine Ausgangsposition zurück und wirft selbst den Ball zum Gegenüber.

Durch das Beiseitetreten sind Sie aus der »Schuss-« bzw. »Angriffslinie« gegangen, und durch das tiefe Ein- und Ausatmen verschaffen Sie sich in der Tat Luft sowie Zeit zum Ideensammeln, bevor Sie antworten. Das ist der Trick für souveränes Kontern.

Gehen Sie selbstbewusst und spielerisch mit Ihrem Status um

Der Gegenteiler geht ja allzeit mit seiner positiven Grundhaltung auf andere zu, neugierig zu erfahren, welch wundervolle Perlen in ihnen versteckt sind. Sein Status ist der eines naiven Kindes, das sich immer wieder über die alltäglichen Wunder freuen kann. Wie Sie auf Menschen zugehen, hängt ebenfalls von Ihrem Statusbewusstsein ab.

Status bedeutet soziales Niveau. Das ist die Art und Weise, in der wir unseren eigenen Wert zu anderen Menschen in Beziehung setzen. Status ist immer von Werten und Spielregeln einer Gruppe oder einer Kultur abhängig. Nicht nur im Berufsleben, auch im Alltag stellen wir Menschen unbewusst oder auch sehr gezielt ein Statusverhältnis her. Dieses Verhältnis beeinflusst gravierend, wie wir einander einschätzen und wie wir uns zueinander verhalten.

Wir platzieren uns ständig auf einer Werteskala im Verhältnis zu unserer Umgebung. Wir nehmen keinen festen Platz auf dieser Werteskala ein, sondern wir wechseln unseren Status und unser Sozialverhalten, je nachdem, ob wir uns gerade in einem Einstellungsgespräch oder mit Freunden in unserem Stammlokal befinden.

Jeder Mensch verhält sich anderen Leuten gegenüber entsprechend seinem Status. Wir signalisieren die ganze Zeit über unseren Platz in der Hierarchie, indem wir anderen gegenüber einen höheren oder niedrigeren Status einnehmen. Wir können uns in einem Statussystem so platzieren, dass wir gleichzeitig einigen Leuten gegenüber einen höheren und anderen Menschen gegenüber einen niedrigeren Status haben.

Durch das Spielen mit dem Status können Sie lernen, körperliche Signale, insbesondere die auf Machtspielchen bezogenen, zu durchschauen und bewusst darauf zu reagieren sowie die Wirkung der eigenen Signale (Haltung, Stimme, Sprache) zu erkennen und Ihre Flexibilität zu erproben. Wenn Sie mögen, so probieren Sie doch sogleich einmal den hohen und den niedrigen Status aus und lernen Sie, mit beiden zu spielen. Damit Sie beide Versionen besser erspüren und nachvollziehen können, beschreibe ich sie Ihnen nachfolgend sehr gerne und mit dem größten Vergnügen recht übertrieben.

Hoher Status – so können Sie mit ihm spielen

Eine Person mit hohem Status nimmt viel Raum ein. Sie macht sich breit, im Raum, in der Zeit und in der Rede. Sie findet es selbstverständlich und völlig in Ordnung, dass sie sich breitmacht. Sie beansprucht im Zimmer viel Platz – in der Breite und in der Höhe. Sie füllt ihren Stuhl aus. Sie nimmt sich Zeit – sie spricht, solange sie Lust hat. Sie nimmt an, dass man ihr gerne zuhört. Sie nimmt auch mit ihrem Stimmvolumen viel Raum ein. Sie spricht laut, denn sie nimmt an, dass alle daran interessiert sind, was sie zu sagen hat. Oder sie spricht ganz leise und fordert, dass alle schweigen, um ihre Worte zu hören. Eine Person mit hohem Status spricht langsam und sorgfältig. Sie macht dabei auch gerne Kunstpausen.

Sie hat genügend Zeit und Ruhe. Sie hält Blickkontakt. Wenn sie andere anschaut, weicht sie nicht aus.

Sie geht, wohin sie will, und fordert, dass andere ihr aus dem Weg gehen. Sie geht gern sehr nahe an andere heran. Sie gibt Anweisungen und fordert wohlwollende Unterstützung. Ihr Selbstvertrauen und ihre Gelassenheit sind nicht zu überbieten.

Tiefer Status – so können Sie mit ihm spielen

Eine Person mit niedrigem Status macht sich möglichst klein. Sie versucht, wenig Platz zu beanspruchen, und kriecht gern in sich zusammen. Sie sitzt auf der Stuhlkante und berührt vielleicht den Boden nur mit den Zehen. Sie versucht, mit ihrem Körper möglichst wenig Raum einzunehmen.

Wenn sie endlich einmal das Wort ergreift, spricht sie schnell, um den Leuten nicht die Zeit zu stehlen. Sie spricht nicht laut, aber laut genug, sodass man sich nicht anzustrengen braucht, um sie zu hören. Vielleicht schiebt sie eine Reihe schneller »Ohs« oder »Ehms« zwischen ihre Worte ein, weil sie grundsätzlich unsicher ist über ihren eigenen Wert und um sich zu versichern, dass die Leute mit dem, was sie sagt, zufrieden sind. Sie lächelt und verzieht jedes Mal, wenn sie etwas gesagt hat, unsicher das Gesicht, um dem Ganzen die Spitze zu nehmen. Niemand soll sich verletzt fühlen.

Sie steht und sitzt wie auf Nadeln, damit sie immer gleich aus dem Weg springen kann, wenn jemand anderes ihren Platz braucht. Sie versucht, alle anderen zufriedenzustellen. Eine Person mit niedrigem Status macht viele nervöse Übersprungshandlungen und fummelt die ganze Zeit nervös an sich herum. Ihre Augen springen dabei im Raum umher. Sie hält keinen Blickkontakt. Sie schaut jemanden an und schaut gleich darauf wieder weg. Sie schleicht lieber an der Wand entlang, als dass sie jemandem anderen zu nahe kommt. Sie entschuldigt sich. Sie braucht Mitgefühl. Aber nur so viel, dass sie dadurch nicht stört. Sie will ja keine Last sein.

Sicherlich haben Sie bemerkt, dass Sie inzwischen schon sehr viel Handwerkszeug mit sich führen, welches Sie in einen souveränen Status gelangen lässt. Zum Beispiel haben Sie eine gute Wahrnehmung, das »Ja« zu sich selbst, die positive Weltsicht, einen bewussten Atem, eine geübte Stimme, eine bewusste und wertschätzende Sprache sowie eine positive innere und äußere Haltung, und all diese bringen Sie genau dorthin!

Ich wünsche Ihnen viel Freude und Vergnügen beim weiteren Proben und meinen herzlichen Glückwunsch zu all Ihren wunderbaren Fähigkeiten, Talenten und Fortschritten!!

10. Wie der Gegenteiler Sie das Staunen und Wundern lehrt

In diesem Kapitel möchte ich mich noch einmal einem ganz besonderen Aspekt der Wahrnehmung widmen: dem Staunen und Wundern. Für den Gegenteiler ist alles ein Wunder, er selbst, die anderen Menschen, Fauna und Flora und die ganze Welt. Schon allein die Tatsache, einfach da zu sein, ist für ihn ein Wunder. So läuft er mit kindlich-naivem Blick durch sein Universum und staunt über all das Prachtvolle, das ihn umgibt. Und da ja für ihn jeder Tag ein wunderschöner Tag ist und er sich stets im zauberhaften Jetzt befindet, ist für ihn immer alles absolut neu, voller Vollkommenheit und äußerst entdeckenswert, auch das ganz Alltägliche.

Staunen bereichert, es setzt positive Gefühle frei, die unsere Seele berühren. Staunen ist Nahrung für die Seele. Staunen setzt Kreativität frei, denn Neues und Wundernswertes wahrzunehmen regt die Fantasie an und inspiriert dazu, selbst auf neue Ideen zu kommen. In unserer heutigen so verkopften und versachlichten Welt ist bereits vieles »entstaunt«, denn für fast alles sind schon wissenschaftliche Erklärungen gefunden worden. Doch hoch lebe derjenige, der sich das Staunen bewahrt hat, denn er ist voll des inneren Wissens und Reichtums.

Für den Gegenteiler sowie für Kinder, und dazu gehört auch das innere Kind in Ihnen selbst, ist die Welt des Wunderns und Staunens pure Magie. Kinder und Gegenteiler sind die Meister des Entdeckens. Sie sind noch offen für die Wunder dieser Welt. Mit ihrer gesunden Neugier und ihrer Entdeckerfreude erforschen sie die Welt und lassen sich von ihrer Fülle, ihren Geheimnissen und ihrer Schönheit verzaubern.

Auch Sie können wieder lernen, zu staunen, wenn Sie die Dinge, die Ihnen längst vertraut erscheinen, wieder öfter mit den Augen von Kindern oder Clowns betrachten. Lassen Sie sich überraschen und entdecken Sie alles um sich herum ganz neu. Ist es denn nicht wunderbar, dass Sie sehen, hören, fühlen, riechen, schmecken und das Leben berühren können? Ist es nicht erstaunlich, was es da alles zu sehen, zu hören, zu fühlen, zu riechen, zu schmecken und zu berühren gibt? Ist es nicht das größte Wunder, dass Sie überhaupt da sind und dass all das um Sie herum existiert?

Übung: Entdecken Sie Ihre Welt mit neuen Augen

Nehmen Sie sich doch, wann immer es Ihnen passt, vielleicht gleich am Morgen, in der Mittagspause oder auch am Abend, ein wenig Zeit für sich und wenden Sie sich ein paar alltäglichen Dingen zu, die Ihnen bisher völlig selbstverständlich erschienen sind, zum Beispiel Ihr Telefon, Ihre Kleidung, das Wasser im Wasserhahn, Ihr Auto, Ihre Nahrung, die Luft zum Atmen oder was auch immer Ihnen auffällt.

Und dann betrachten Sie diese Dinge einmal ganz genau, mit all Ihrer Aufmerksamkeit. Betrachten Sie alles mit einem wachen und frischen Blick, so, als würden Sie diese Dinge zum ersten Mal in Ihrem Leben sehen. Was fällt Ihnen alles auf? Was sehen Sie? Welche Details? Was fühlen Sie? Was können Sie alles neu entdecken?

Und warum sind Ihnen diese Dinge eigentlich so selbstverständlich? Stehen sie Ihnen immer und allzeit zur

Verfügung? Sind sie einfach da oder mussten Sie dafür etwas Besonderes tun? Woher mögen sie wohl stammen? Welcher Anstrengung und wem alles ist es zu verdanken, dass Sie jetzt all diese Dinge zur Verfügung haben? Kennen Sie vielleicht sogar jemanden, der so etwas erfunden hat? Vielleicht möchten Sie sogar ihm oder gleich allen Erfindern dieser Welt einmal danken?

Halten Sie immer mal wieder im Laufe Ihres geschäftigen Alltags inne und nehmen Sie all die Dinge, die Sie umgeben und die Sie so selbstverständlich nutzen, in einem völlig neuen Licht wahr. Und lassen Sie sich immer wieder von sich und von allem Alltäglichen um Sie herum überraschen. Viel Vergnügen!

Und wenn Sie genug erforscht haben, am Ende Ihrer Abenteuertour, dann kommen Sie wieder in Ihre reale Welt zurück und erinnern sich noch einmal an all die wunderbaren Erfahrungen, die Sie gemacht haben.

Beginnen Sie Ihren Tag mit einem Achtsamkeitsritual

Damit Sie so richtig nach Herzenslust staunen und sich wundern können, ist es sinnvoll, Ihre Achtsamkeit zu erhöhen. Diese können Sie sehr schön durch kleine Rituale schärfen. Da der Gegenteiler ein großer Fan von Ritualen ist, liebt er es, gleich morgens mit dem ersten anzufangen. Das kann ein flotter Morgenlauf sein, Gymnastik, Yoga oder Meditation.

Übung: Beginnen Sie Ihren Tag mit einem Achtsamkeitsritual

Ich möchte Ihnen jetzt ein kleines und sehr feines Morgenritual vorstellen, mit dem Sie alle vier Himmelsrichtungen freundlich begrüßen, die Achtsamkeit ihres Herzensraumes stärken und so frohgemut in den Tag starten können.

Zur Einstimmung schenken Sie sich bitte ein wenig Platz um sich herum und nehmen zunächst Ihren eigenen Atem wahr.

Nun begrüßen Sie als erstes den *Norden*
- Richten Sie Ihre Achtsamkeit zum Herzen und begrüßen Sie den Norden.
- Fühlen Sie sich ein in das, was Sie bedrückt, beängstigt, sorgt und Ihr Herz momentan schwer macht.
- Jetzt nehmen Sie all die Schwere in Ihre Hände, ballen diese fest zur Faust und geben den Inhalt in einer für Sie stimmigen Armbewegung mit dem Ausatmen an den Norden ab.

Begrüßen Sie nun den *Süden*
- Richten Sie wieder Ihre Achtsamkeit zum Herzen und begrüßen Sie den Süden.
- Nun lassen Sie die Freude, die Kraft, das Licht und all das, was Sie als stärkend erleben, aus dem Süden in Ihre Hände fließen und in Ihr Herz einströmen.

Begrüßen Sie den *Westen*
- Begrüßen Sie mit der Achtsamkeit zu Ihrem Herzen nun den Westen.
- Verbinden Sie sich hier mit all den Menschen, mit de-

nen Sie sich besonders verbunden fühlen, zu denen Sie eine Herzensverbindung haben.

- Lassen Sie all die Liebe zu diesen Menschen in Ihr Herz einströmen.
- Schenken Sie nun auch den Menschen, mit denen ich Sie es im Moment schwer haben, einen wohlwollenden Gedanken.

Begrüßen Sie zum Abschluss den *Osten*

- Begrüßen Sie mit der Achtsamkeit zu Ihrem Herzen den Osten.
- Wie fühlt sich Ihr Herz in diesem Moment an?
- Wie können Sie es beschreiben – in Bild, Klang, Stimmung, Farbe oder Symbol?
- Zum Abschluss formulieren Sie nun noch einen Herzenswunsch, lassen ihn wie einen Adler in die Luft fliegen und geben ihn damit an den Osten ab.

Wie fühlen Sie sich? Ich hoffe, gut.

Übung: Entdecken Sie staunend die Wunder Ihres schönen Gesichts

Staunen und Wundern hat auch viel mit Selbstverwöhnung zu tun. Deshalb möchte ich Ihnen zum Abschluss dieses Kapitels noch eine kleine Übung mit auf den Weg geben. Sie können sich damit selbst beschenken, Sie können die kommende Zeit aber auch, je nach Ihrem persönlichen Bedürfnis, mit einem Spielpartner gemeinsam genießen.

Wenn Sie möchten, so legen Sie sich eine entspannende Musik auf und setzen sich entspannt hin.

Spüren Sie zunächst die Innen- und Außenflächen Ihrer Hände. Dann bewegen Sie zuerst die Finger Ihrer linken, dann die Ihrer rechten Hand: den Daumen, den Zeigefinger, den Mittelfinger, den Ringfinger und den kleinen Finger. Nun reiben Sie Ihre Handflächen aneinander, und wenn sie so richtig schön warm sind, beginnen Sie sanft, Ihr Gesicht zu streicheln. Erkunden Sie die Größe, die Weichheit und die Wärme Ihres eigenen Gesichts.

Ertasten Sie nun sanft Ihre Lippen, Ihre Wangen, Ihre Augenpartien, Ihre Stirn und Ihren Nacken. Legen Sie dann Ihre Hände auf Ihren Bauch. Bleiben Sie für einen Moment ganz bei sich selbst.

Wenn Sie die Übung mit einem Partner gemeinsam genießen, so setzen Sie sich nun vor Ihren Partner oder stellen Sie sich beide voreinander hin.

Schließen Sie Ihre Augen und atmen Sie langsam durch die Nase ein und durch den Mund aus. Spüren Sie Ihre Hände, die linke und die rechte Hand. Spüren Sie Ihre Finger.

Und jetzt öffnen Sie Ihre Augen und wenden sich Ihrem Partner zu. Vereinbaren Sie miteinander, wer zuerst den aktiven und wer den passiven Part übernimmt. Der Aktive erkundet das Gesicht des Partners mit seinen Händen. Dieser schließt nun vertrauensvoll die Augen.

Erkunden Sie langsam und nach Ihren eigenen Vorstellungen das Gesicht des Partners mit Ihren Händen und auch mit den einzelnen Fingern. Lassen Sie sich Zeit. Fahren Sie ruhig an der gleichen Stelle mehrmals zart über die Haut Ihres Partners auf seiner Stirn, an den Schläfen, auf den Wangen, der Nase entlang und um den Mund herum.

Nun lassen Sie eine Hand auf der Wange Ihres Partners liegen, während Sie mit den Fingern der anderen Hand die Konturen seiner anderen Gesichtshälfte nachzeichnen.

Lassen Sie sich auch dafür Zeit. Dann wechseln Sie zur anderen Gesichtshälfte. Zeichnen Sie mit Ihren Fingern nun auch die Konturen der Kopfhaut nach, dann des Nackens, der Schultern, der Arme und der Hände. Streichen Sie noch ein paar Mal Schultern, Arme und Hände sanft aus. Und dann lassen Sie Ihre Hände für einen Moment auf den Schultern Ihres Partners ruhen. Sehen Sie sich zum Schluss das Gesicht Ihres Partners in Ruhe an. Fällt Ihnen eine Veränderung auf? Und dann tauschen Sie die Rollen.

Viel Vergnügen!

Wie geht es Ihnen, am Ende dieses Kapitels? Ich nehme an, dass Sie viel Staunens- und Wundernswertes für sich erleben konnten? Meinen Glückwunsch! Ich wünsche Ihnen von Herzen auch weiterhin unzählige zauberhafte und erfüllende Entdeckungen.

11. Wie der Gegenteiler Ihnen Ihren Weg zeigt

Der Gegenteiler ist sich immer seines besonderen Ausgangspunktes bewusst, dieser ist nämlich das Jetzt. Seine Startposition ist sein jetziger Stand- oder Bewegungsort, zum Beispiel ein Raum, ein Baum, ein Fenster, ein Lichtschalter oder eine Türe. Und natürlich hat er in seinem absoluten Jetzt auch ein genaues Ziel vor Augen. Das »Wo will ich hin?« ist in seinem Spiel klar definiert. Will ich zur nächsten Wand, zur Steckdose, zur Fußleiste oder zu dem Menschen, der mich gerade so sehr interessiert? Mit dieser frohen inneren Haltung bewegt er sich voller Energie und Elan vorwärts.

Wenn Sie sich also fragten: »Wo will ich hin?«, so bräuchten Sie im Grunde nicht mehr zu tun, als im Jetzt zu leben und sich mit einem klaren Ziel vor Augen in Ihrer Arbeit und Freizeit zu verwirklichen. Dann stünde Ihrem Lebenserfolg nichts mehr im Wege. Tja, nichts einfacher als das, würde der Gegenteiler jetzt sagen. Doch wer beherrscht in unserer hektischen Welt schon die Kunst, sich ständig im Jetzt zu verwirklichen? Wir lassen uns heutzutage nur allzu sehr vom Druck des Erfolges hetzen und verlieren dabei häufig unsere eigentliche und höchst persönliche Aufgabe aus dem Blick – das Glücklichsein und die Erfüllung. Auch in der Werbung und in manchen Stellenausschreibungen wird uns vermittelt, dass wir immer höher, schneller und weiter kommen müssen, um Erfolg zu haben, egal, ob wir dabei gewinnen oder uns selbst verlieren.

Manches Mal sind wir dermaßen von einem wichtigen Vorhaben getrieben, dass wir wie ein verfolgtes, hektisches Reh ständig an den wundervollen Momenten des Augenblicks vorbeirennen. Angelehnt an den Sinnspruch »Der Weg ist das Ziel« hat eine Trainerkollegin einmal dazu gesagt: »Das Ziel ist im Weg.« Ach, wie oft ist das wahr!

Viele Klienten und auch Seminarteilnehmer können heute kaum noch ohne ihr Mobiltelefon und andere elektronische Medien auskommen. Telefonierend und E-Mail-lesend kommen sie in den Kursraum oder die Praxis und mögen es dann auch während der Coachingstunde oder des Seminars kaum ausschalten, aus lauter Sorge, sie könnten einen wichtigen Anruf verpassen. Da ich häufig beruflich auf Reisen bin, kann ich hierbei oft beobachten oder auch notgedrungen zuhören, und das leider nicht immer mit großem Vergnügen, wie Geschäftsleute in öffentlichen Verkehrsmitteln geschäftig sind, von Erfolgs- und Zieldruck gejagt.

Viele Menschen sind nicht immer einer inneren Vision gefolgt und haben einen Beruf oder Lebensinhalt gewählt, der sie vollkommen erfüllt. Oft waren andere Kriterien ausschlaggebend, zum Beispiel die aktuelle Arbeitsmarktlage, die Verdienst- und Aufstiegschancen und das Prestige im gesellschaftlichen Umfeld. Auch die jeweilige familiäre Tradition spielte oft eine bedeutende Rolle. Deshalb werden häufig Kompromisse gesucht, die letztendlich den eigenen Erfolg und das innere Glück verhindern.

Manchmal dauert es halt auch etwas länger und bedarf einiger Lebensschleifen, bevor man bei seiner wirklichen Bestimmung gelandet ist. Die Erfinderin von Harry Potter, Joanne K. Rowling, ist auch erst nach langen Umwegen zur Erfolgsautorin geworden. Erst als sie gelernt hatte, an sich und ihr Talent, das Schreiben, zu glauben, wurde sie äußerst erfolgreich. Auch bei mir selbst war es nicht anders, ich durfte ja auch so manche beruflichen Umwege beschreiten, bevor ich zu meiner eigentlichen und jetzigen Berufung gefunden habe.

Meine Lieblingsklientin zum Beispiel ist auch brav den Leitsätzen ihrer Familie gefolgt und studierte Jura, entgegen all ihren wirklichen Bedürfnissen und Talenten. Sie zahlte dafür einen hohen Preis, denn sie plagte sich durchs Studium, begleitet von Panikattacken und anderen Malessen. Doch sie wurde trotz aller Widrigkeiten und inneren Widerstände eine sehr erfolgreiche Anwältin. Glücklich war sie dabei ganz und gar nicht. Nach vielen Jahren der beruflichen Quälerei, die auch ihr Privatleben nicht unberührt ließ, beschloss sie endlich, sich ihren Traum zu erfüllen und Psychologie zu studieren. Heute, als erfolgreiche Therapeutin und Coach, ist sie sehr viel zufriedener, mutiger und froher. Jeder Umweg hat ja auch seine positiven Seiten, nämlich all die neuen Fähigkeiten, die man daraus erwirbt. Das Gute an ihrem Vorleben war, dass sie es sehr gut gelernt hatte, strukturiert und diszipliniert zu arbeiten. So konnte sie ihr zweites Studium in kürzester Zeit abschließen und endlich glücklich mit ihrer Berufung leben.

Jeder Mensch hat das gleiche Potenzial an positiver Energie wie alle anderen, doch leider verlieren wir uns so oft im alltäglichen Kleinkram. Und übrigens ist Ihr Leben, auch und ganz besonders aus gegenteilerischer Sicht, viel zu schade für Kompromisse! Ihre Hingabe und Ihr persönliches Engagement lohnen sich, wenn Ihr Ziel mit Freude, Leichtigkeit und Begeisterung erreichbar wird. All das hoch verdiente Geld kann dabei nicht die alleinige Motivation sein. Erst wenn Sie an sich und Ihre innere Aufgabe glauben, die Ihren höchst eigenen Talenten entspricht, entwickelt sich Ihre positive Energie und kann als Motor genutzt werden.

Mein Ziel als Gegenteilerin ist es auf keinen Fall, Sie dazu aufzufordern, ein Workaholic zu werden oder gar ein großer Bühnenstar. Wenn Sie es natürlich gerne sein möchten, dann nur zu! Ich möchte Ihnen vielmehr gerne Mut zusprechen, für sich all das zu tun, womit Sie sich wohl, glücklich und zufrieden fühlen. Mein Anliegen ist es, Ihnen Handwerkszeug mitzugeben, mit dem Sie Ihre kostbare Zeit in froher Gestimmtheit nutzen können.

Im Rahmen meiner Ausbildung zur Kommunikationstrainerin bekam ich die Aufgabe, Menschen aufzusuchen und diese nach ihrer Berufung zu befragen. So traf ich auf einen Bestatter, der beseelt davon war, es den Verstorbenen so angenehm und gemütlich wie möglich zu machen und den Trauernden liebevoll beizustehen. Eine hoch betagte Ordensschwester erzählte mir voller Begeisterung und mit vor Freude geröteten Wangen, wie sie als Erzieherin Kindern spielerisch und kreativ den Glauben an Gott näher brachte und wie sie heute per Computer das Klosterarchiv ordnet.

Sie sehen, nicht nur die gesellschaftliche Anerkennung ist für Glück und Zufriedenheit im Leben ausschlaggebend, vielmehr ist es die Begeisterung am Tun und das Leben der eigenen Talente und Fähigkeiten.

Übung: Laden Sie Ihre eigenen Visionen in Ihr Leben ein

Nehmen Sie sich doch wieder einmal ein wenig Zeit für sich, legen Ihr Schreibzeug zurecht und schließen Sie für einen Moment Ihre Augen. Und dann lassen Sie Ihre Gedanken baumeln und alle Ideen kommen, die mit Ihren Träumen und Visionen von einem idealen Leben zu tun haben. Welche Visionen tauchen auf, von ihrer idealen beruflichen Tätigkeit, von ihrem privaten Leben? Was ist Ihnen wirklich wichtig?

Und nun stellen Sie sich eine Liste all dessen zusammen, was Sie immer schon haben wollten, was Sie immer schon sein wollten und was Sie immer schon tun wollten. Und dann lassen Sie einfach die Worte völlig unzensiert fließen. Seien Sei dabei neugierig und gespannt, was Ihnen jetzt alles in den Sinn kommen mag. Was ist es, was Sie tun möchten, sehen, hören und spüren möchten? Nehmen Sie sich möglichst genug Zeit, um in alle Ihre Lebensbereiche zu schauen, zu hören und zu fühlen. Schreiben Sie sich einfach alles auf, was Ihnen einfällt. Und achten Sie dabei bitte wieder darauf, dass Sie jeweils in der Gegenwart und positiv formulieren.

Wenn Sie Ihre Liste noch einmal betrachten, so ordnen sie Ihre Ziele nun nach der Zeit, in der Sie sie erreicht haben möchten. Und dann wählen Sie die wichtigsten fünf Ziele aus, die Sie möglichst noch innerhalb des nächsten Jahres erreichen möchten. Und bitte achten Sie darauf, dass Sie genau die Ziele auswählen, deren Erfüllung Ihnen den meisten Spaß und die größte Befriedigung bescheren wird. Schreiben Sie sich auch die Gründe auf, warum gerade diese Ziele für Sie wichtig sind und warum Sie sie auf jeden Fall erreichen werden. Begründen Sie sich selbst auch, warum es sich unbedingt lohnt, sich mit Ihrer geballten Kraft, mit Ihrer gesammelten Energie, mit all Ihrer wunderbaren Stärke dafür einzusetzen.

Und dann fragen Sie sich, mit wem, wann und wo Sie Ihre Ziele erreichen möchten. Wie wird es sein, wenn Sie Ihre Ziele erreicht haben, für Sie selbst und auch für die anderen in Ihrem Umfeld?

Welche wichtigen Ressourcen, Fähigkeiten und Talente

brauchen Sie, um Ihre Ziele zu erreichen? Welche leben Sie bereits, um diese Ziele zu verfolgen und zu verwirklichen? Welche Ihrer Charaktereigenschaften können Sie dabei unterstützen? Schreiben Sie sich am besten alles auf, damit es nicht verloren geht, alles, was Sie unterstützen kann, all Ihre Fähigkeiten und Möglichkeiten.

Vielleicht möchten Sie noch nach Vorbildern Ausschau halten, die das, was Sie gerne erreichen möchten, bereits für sich verwirklicht haben? Dann stellen Sie sich vor, wie jedes Vorbild Ihnen wie ein innerer Mentor einen Rat gibt, Ihnen sein Lebensmotto verrät oder Ihnen eine Möglichkeit aufzeigt, Ihr Ziel zu erreichen. Und dann stellen Sie sich vor, dass Sie genauso erfolgreich sind wie Ihre Vorbilder, auf Ihre ganz eigene, einzigartige und unnachahmliche Art.

Und nun erinnern Sie sich noch einmal an all die Situationen in Ihrem Leben, in denen Sie Ihre Ziele erfolgreich verwirklicht haben. Erinnern Sie sich dabei auch daran, ob es hell war oder dunkel, ob Tageslicht vorherrschte oder künstliche Beleuchtung, welche Farben für Sie dazugehören, welche Bewegungen, welche Körperhaltung, welche Töne und Geräusche, welche Stimmen, vielleicht ein Lachen, und wie Ihre eigene Stimme ist.

Der Auslöser Ihres Erfolges ist der Zeitpunkt, der Ihnen die Gewissheit gibt, das Ziel zu erreichen. Was war das für ein Gefühl in dem Moment, als Sie genau wussten, dass Sie Ihr Ziel erreicht haben und dass es klappt? Wie wissen Sie, dass Sie erfolgreich sind? Welche kraftvollen Bilder, welche Gefühle passen dazu? Wo genau können Sie das in Ihrem Körper spüren und wie genau? Gibt es dabei eine spezielle Bewegung, die Sie machen? Wie fühlen Sie sich? Und vielleicht gehört auch ein bestimmter Duft oder Geruch dazu, oder ein ganz bestimmter Geschmack, oder Wärme, oder Leichtigkeit. Erinnern Sie sich an all die Situationen, in denen Sie es schon erlebt haben, dass Sie sich etwas vornehmen und es erreichen.

Und dann stellen Sie sich Ihre zukünftige Situation vor, die Sie erfolgreich meistern möchten. Und dann vergegenwärtigen Sie sich noch einmal all die Bilder und Gefühle Ihrer bisherigen Erfolge.

Und jetzt stellen Sie sich vor, wie Sie Ihr Ziel bereits höchst erfolgreich erreicht haben, und erleben Sie, wie Sie sich selbst feiern. Und stellen Sie sich bitte auch vor, wie Sie von Ihrem Umfeld umjubelt und gefeiert werden.

Herzlichen Glückwunsch!

Lassen Sie Ihren Träumer, Ihren Denker und Ihren Aktivisten hochleben

Für den Gegenteiler ist es ein herrliches Spiel, immer wieder die Rollen zu wechseln, auch die im Innersten. So kann er seine unterschiedlichen Vorhaben und auch die Welt besser aus einer jeweils anderen Perspektive betrachten.

Wahrscheinlich war auch Walt Disney ein Gegenteiler, denn er war ebenso ein Meister im inneren Rollenspiel. Nach ihm wurde die folgende Übung benannt – die Walt-Disney-Strategie. Sie ist meiner Ansicht nach eine der besten und effektivsten Kreativitätstechniken und hervorragend geeignet zum erfolgreichen Erreichen von Zielen.

Der berühmte Erzähler, Filmemacher und Erfinder von Mickey Mouse, Goofy, Bambi und vielen anderen bekannten Zeichentrick-Figuren war dafür bekannt, seine Mitarbeiter täglich aufs Neue zu überraschen. An manchen Tagen hatte sein innerer Träumer die Oberhand, er sprühte vor Ideen und alle Verrücktheiten waren ihm höchst willkommen. An anderen Tagen nahm er nachdenklich alles noch einmal ganz genau unter die Lupe. Und an weiteren Tagen strotze er wiederum vor Aktivität und Energie, schritt hoch motiviert zur Tat und setzte all das um, was er sich zuvor erdacht hatte.

Wenn wir mit einer Aufgabe beschäftigt sind, so mischen wir meistens alle inneren Rollen wunderbar bunt durcheinander. Und anschließend wissen wir vor lauter innerem Chaos nicht mehr, wo und wie wir weitermachen sollen. Optimal wäre es, wenn die inneren Rollen mit- und zueinander in einem ausgewogenen Verhältnis stünden. Von Walt Disney und auch vom Gegenteiler können Sie erfahren, wie Sie spielerisch Ihr inneres Chaos während eines kreativen Prozesses ordnen können. Indem Sie lernen, Ihre inneren Rollen strikt voneinander zu trennen, vervielfältigen Sie die Möglichkeiten, Ihr Vorhaben spielerisch, leicht, kreativ und erfolgreich umzusetzen. Und gleichzeitig bringen Sie Ihre inneren Rollen wieder ins Gleichgewicht.

Übung: Lassen Sie Ihren Träumer, Ihren Denker und Ihren Aktivisten hochleben

Sollten Sie nun neugierig geworden sein und neue spielerische Erfahrungen sammeln wollen, so nehmen Sie sich doch gleich wieder ein Stündchen Zeit für sich und legen auch Ihr Schreibzeug bereit.

Als Erstes legen Sie schriftlich ein Thema fest, mit dem Sie die Übung durchspielen möchten. Finden Sie einen Wunsch, eine Idee, einen Plan, ein Projekt oder eine Vision, die Sie gerne verwirklichen möchten, für die Sie jedoch bisher noch keine klare Strategie haben oder keine Vorstellung davon, wie sie tatsächlich umsetzbar sein könnte.

Ihr Zimmer können Sie jetzt in eine Kreativwerkstatt verwandeln, indem Sie drei Ecken und einen freien Platz in der Mitte auswählen, die Sie in besonderer Weise für sich und diese Übung gestalten können.

In der Mitte des Raumes markieren Sie ein ganz spezielles Plätzchen, nämlich das des *Unterbrechers (»Separator«)*. Er ist derjenige, der dafür zuständig ist, dass die unterschiedlichen Rollen und Positionen klar voneinander getrennt sind und bleiben. Zudem zeigt er sich für deren Ausgewogenheit zueinander verantwortlich. Es macht Sinn, diesen Ort ausdrücklich zu markieren, zum Beispiel durch ein Blatt Papier oder eine farbige Karte, damit Sie ihn jederzeit wiederfinden und zu ihm zurückkehren können.

Im Raum des Unterbrechers beginnen Sie Ihr kreatives Spiel. Von hier aus können Sie alle drei anderen Räume gut beobachten und wahrnehmen, was dort geschieht bzw. geschehen ist. Hier schätzen Sie die Beziehungen zwischen den drei Positionen ein und prüfen, ob sie ausgeglichen sind. Zwischen den Ortswechseln sollte immer eine Pause im Raum des Unterbrechers stattfinden.

Die erste Ecke des Raumes ist für Ihren inneren *Träumer* reserviert und kann deswegen mit traumhafter, leiser Musik ausgestattet werden. Zudem können Sie hier alle Dinge unterbringen, die Sie besonders gut beim Träumen unterstützen, zum Beispiel einen dicken und bequemen Sessel, eine weiche Unterlage zum Liegen, eine flauschige Kuscheldecke, bunte Kissen, Seifenblasen, Buntstifte, Malzeug, Luftballons, Clownsnasen, bunte Federn, Tücher oder was Sie sonst noch alles mögen.

Im Raum des Träumers erinnern Sie sich an Situationen, in denen es Ihnen leichtgefallen ist, zu träumen, Ideen wie bunte Ballons aufsteigen zu lassen und einfach völlig unzensiert draufloszuspinnen. Sie können sich hier daran erinnern, wie lustvoll es ist, kreativ zu sein und alles Mögliche und Unmögliche zu denken. Für den Träumer, und auch hier für Sie in diesem Raum, ist alles möglich und alles erlaubt. Hier können und dürfen Ihre Ideen nur so sprudeln, hier bekommt Ihre Phantasie Flügel.

Erinnern Sie sich an das Gefühl des Träumens und lassen Sie hier alle Ideen, Träume und Visionen zu Ihrer Ausgangsfrage kommen. Welches sind Ihre Vorstellungen, Ihre Ideen, Ihre Visionen, Ihre Träume? Welche vielfältigen Möglichkeiten gibt es? Was alles können Sie sich hier in diesem Raum erträumen?

Schreiben Sie alle Ideen auf, ganz unzensiert und ohne zu bewerten. Sammeln Sie einfach wahllos alles, was Ihnen in den Sinn kommt.

Die zweite Ecke ist für den *Handelnden* in Ihnen bestimmt. Hier können Sie alle Utensilien hineingeben, die für Sie Handeln bedeuten, zum Beispiel einen Arbeitsstuhl, einen Hammer, einen Zollstock, ein Metermaß, Laufschuhe, Küchengeräte, Hanteln oder was auch immer für Sie passt.

Hier in diesem Raum erinnern Sie sich an Situationen, in denen Sie aktiv und selbständig etwas in die Tat umgesetzt haben, in denen Sie Ihre Angelegenheiten selbst in die Hand genommen haben und gehandelt haben. Erinnern Sie sich an Situationen, in denen Sie Ihre Ideen tatkräftig und effektiv umgesetzt haben. Für Sie als Handelnder ist es einfach und leicht, Dinge und Projekte ganz konkret zu realisieren.

Was alles ist nötig, um Ihre Vision und die Phantasien

des Träumers zu verwirklichen? Welche konkreten Schritte sind notwendig und hilfreich, um Ihre Ziele in die Realität umzusetzen? Was genau können Sie tun, um Ihre Träume lebendig werden zu lassen? Wann genau beginnen Sie damit und wie und in welcher Reihenfolge gehen Sie am besten vor?

Schreiben Sie sich alles auf, was Ihnen einfällt.

Die dritte Ecke ist dem *Denker* in Ihnen gewidmet. Er kann zur Unterstützung alle Dinge gut gebrauchen, die ihn beim Denken anregen, zum Beispiel einen Philosophensitz, ein Stehpult, einen Textmarker, besondere Stifte, extra Papier zum Schreiben, Millimeterpapier, Moderationskarten, ein Flipchart, eine Tafel, ein Fernglas, eine Lupe oder auch etwas ganz anderes, das besser zu Ihnen passt.

Der Denker prüft noch einmal nach, was der Träumer geträumt und der Handelnde an praktischen Maßnahmen geplant hat. Er überlegt, was alles gut, positiv und verwendbar ist, und macht sich Gedanken darüber, was sich eventuell noch verbessern lässt.

Erinnern Sie sich in diesem Raum an Situationen, in denen Sie konstruktiv Verbesserungen entwickelt haben. Diese Position ist die des konstruktiven inneren Dialoges. Hier können Sie neue, konkrete Möglichkeiten entwerfen oder Wünsche entwickeln, die Ihre Vision noch weiter verbessern und entwickeln. Ausdrücklich sei an dieser Stelle bemerkt: Dies ist der Raum des *konstruktiven Denkers*, nicht der Raum des inneren Meckerers!

Hier in diesem Raum haben Sie die Möglichkeit, sich noch ein paar Verbesserungen einfallen zu lassen. Was denken Sie über die bisherige Entwicklung? Fehlt noch etwas oder können Sie noch etwas verfeinern? Es ist überhaupt nicht nötig, hier eine perfekte Lösung zu entwickeln, sondern nur die bisherigen Ideen zu betrachten, ein wenig daran zu feilen und ihnen einen Feinschliff zu geben, bis sie noch besser für Sie passen und sich noch angenehmer anfühlen.

Nachdem Sie nun den Mittelpunkt des Raumes und auch die Ecken für sich entsprechend und für Sie passend eingerichtet haben, können Sie sich vom Ort des Unterbrechers aus auf den Weg machen. Zunächst in den Raum des Träumers, dann den des Handelnden und von dort in den Raum des Denkers. Bitte denken Sie daran, dass Sie zwischen den einzelnen Positionen immer für einen Moment im Raum des Unterbrechers verweilen, um die Rollen klar voneinander abzugrenzen.

Lassen Sie sich für jeden Raum immer genug Zeit, so viel Zeit, wie Sie möchten und brauchen. Durchlaufen Sie ihren Kreativparcours so oft und so lange, wie Sie mögen und Sie es als hilfreich betrachten, mindestens jedoch drei Mal. In jeder Runde beziehen Sie die Anregungen des vorherigen Durchlaufs ganz automatisch mit ein. Ab der zweiten Runde ist die Reihenfolge dann nicht mehr festgelegt, sondern Sie können sich, wann immer Sie einen bestimmten Impuls verspüren, in den entsprechenden Raum bewegen.

Wenn Sie dann zum Schluss kommen möchten, so kann es sehr wertvoll und nützlich sein, am Ende noch einmal für eine kleine Weile in den Raum des Träumers zu gehen. Möglicherweise blitzen noch einige unerwartete Ideen auf. Und dann lassen Sie die Übung zu ihrem Abschluss kommen.

Ich wünsche Ihnen viel Freude, Vergnügen und neue Erkenntnisse!

Übung: Feiern Sie sich und Ihre Erfolge mit einem Tänzchen

Nachdem Sie sich nun so herrlich Ihrer Fähigkeiten bewusst sind und auch Ihrer Ziele, Träume, Visionen und Erfolge, ist es unbedingt und dringend an der Zeit, dass Sie sich zum Abschluss dieses Kapitels noch einmal so richtig freuen und kräftig feiern. Sie können sich dazu schon einmal Ihre flotte Lieblingsmusik auflegen.

Erinnern Sie sich doch noch einmal an alle Ihre Erfolge. Bestimmt waren und sind Sie positiv motiviert. Sie wussten sicherlich schon, als Sie an Ihre Vorhaben herangingen, dass sie ein Erfolg werden würden. Welches Gefühl von Gewissheit hat Sie begleitet? Welches positive Gefühl hatten Sie, als Sie selbstbewusst und mit der Sicherheit des Erfolges an Ihre Aufgabe herangingen? Und dann stellen Sie sich noch einmal all Ihre Erfolge und auch Ihre Ziele vor und spüren Sie das angenehme Gefühl, wie Sie erfolgreich Ihr Ziel erreichen.

Beginnen Sie nun zu tanzen und versuchen Sie, Ihr angenehmes Gefühl von Erfolg mit einer bestimmten Bewegung zu verbinden. Bitte merken Sie sich diese Bewegung, denn dann können Sie sie jederzeit nutzen, um sich immer wieder daran zu erinnern, wie sich Erfolg für Sie anfühlt. Und dann tanzen Sie sich hinein in Ihren Erfolg. Feiern Sie sich und lassen Sie sich selbst nach Herzenslust hochleben.

Viel Freude und Vergnügen!

Und nun, zum Ende dieses Kapitels, möchte ich Ihnen noch einmal von Herzen gratulieren. Ich gratuliere Ihnen dazu, dass Sie da sind. Und ich gratuliere Ihnen zu all Ihren großen und kleinen Erfolgen in Ihrem Leben. Glückwunsch!

12. Wie der Gegenteiler Nervosität und Lampenfieber positiv verwandelt und zu Ihrem Freund macht

In manchen Situationen kann es passieren, dass Sie von Aufregung und Nervosität geplagt werden, zum Beispiel vor einer Prüfung, einem wichtigen Gespräch, einer offiziellen Bewerbung, einem Vortrag, einem Seminar, einem ersten Treffen mit einem interessanten Menschen, einem Bühnenauftritt oder was auch immer in Ihnen Bangigkeit hervorruft. Im Theaterleben nennt man diese flatterige Stimmung Lampenfieber. Ich möchte Ihnen gerne für solche Situationen ein paar Gegenteiler-Geheimnisse und Bühnentricks aus meinem reichhaltigen Erfahrungsschatz mit auf den Weg geben. Diese können sicherlich auch Ihnen helfen, sich in Balance zu bringen.

Als Auftritt bezeichne ich alles, was mit Nervosität in Verbindung steht. »Bühne« ist für mich die Metapher für eine Auftrittsfläche, egal, ob es die eigene Wohnung, die Straße, der Arbeitsplatz, das Rednerpult, die reale Bühne oder irgendein anderes Podium ist. Eine angemessene Dosis des körpereigenen Hormons Adrenalin ist für einen gelungenen Auftritt absolut notwendig. Ähnlich wie beim Frisch-verliebt-Sein verspüren Sie auch mit der richtigen Portion Lampenfieber bunte Schmetterlinge und ein wohliges Kribbeln in Ihrem Bauch. Sammy Davis Junior sagte dazu so schön: »Ein Auftritt ohne Lampenfieber ist wie eine Liebe ohne

Gefühl!« Die oberste Devise für solch aufgeregte Fälle lautet also fortan: so viel Lampenfieber wie nötig, so wenig wie möglich. In einer guten Dosierung wirkt Lampenfieber wie eine Tankstelle für Kraft-Stoff und kann von Ihnen positiv angezapft werden. Zudem hat es noch weitere wunderbare Effekte:

- Lampenfieber wirkt auf Sie wie eine Energiequelle.
- Lampenfieber steigert Ihre Leistungsfähigkeit.
- Lampenfieber gibt Ihnen mehr Schwung und Elan.
- Lampenfieber lässt Sie hoch konzentriert sein.
- Lampenfieber stärkt Ihre Ausstrahlung und Ihre Anziehungskraft.

Sie haben in den vorausgegangenen Kapiteln schon vieles so wunderbar gelernt. Deshalb zeigen Sie, was in Ihnen steckt. Verstecken Sie sich nicht länger, sondern zeigen Sie allen Ihre Stärken! Entscheiden Sie sich heute dafür, hier und jetzt! Und nutzen Sie dabei Ihr Lampenfieber als positive Energiequelle. Tun Sie es ruhig ganz hoch offiziell, und schließen Sie am besten dazu sogar noch einen schriftlichen Vertrag mit sich ab!

Viel Vergnügen!!

Stärken Sie sich mit Lampenfieber-Kraft-Übungen

Übung: Nutzen Sie die Kraft Ihrer positiven Überzeugungen

Möglicherweise plagen Sie in bestimmten Situationen immer wieder einige Ihrer Lieblings-negativ-Glaubenssätze, zum Beispiel:

- Das schaffe ich doch nie!
- Ich nehme mir zu viel heraus!
- Das kann doch sowieso nicht klappen/funktionieren!
- Dazu bin ich doch sowieso zu doof!
- Ich bin nicht gut genug! Nie!
- Ich bin ein Versager! Ich bin eine Versagerin!
- Ich habe Angst, Fehler zu machen!
- Ich bin es nicht wert! (gesehen, geliebt, geehrt, geachtet zu werden)
- Ich habe doch überhaupt kein Talent!
- Die anderen sind sowieso alle viel besser als ich!
- Ich nehme mich viel zu wichtig!
- Ich soll mich sowieso nicht immer so in den Vordergrund stellen!
- Ich bin doch überhaupt nicht kreativ!
- Ich muss immer in allem perfekt und die Beste/der Beste sein!
- Mein Wissen und mein Können reichen doch niemals aus!

Wenn Sie Ihren Lieblings-Negativsatz aufgespürt haben, dann können Sie ihn sogleich in Ihre Lieblings-Positiv-Überzeugung verwandeln. So verzaubern Sie Ihre negative Energie in eine positive Kraftquelle. Am besten verwandeln Sie eine negative Überzeugung gleich in mindestens zwei positive Glaubenssätze – so schenken Sie Ihrer positiven Energie mehr Raum. Wenn Sie zum Beispiel glauben: »Ich habe kein Talent«, so könnten Sie diese Überzeugung umwandeln in: »Ich bin sehr begabt« und in: »Ich bin gut!« Und dann machen Sie gleich noch einen ganzen Affirmationssatz daraus: »Ich freue mich über mein immer größer werdendes Talent, denn ich bin gut!« Jawohl, genau! Glückwunsch!

Beispiele für positive Überzeugungen:

- Ich vertraue mir voll und ganz!
- Ich bin gut!
- Ich bin erfolgreich!
- Ich bin attraktiv!
- Ich bin wertvoll!
- Ich bin liebenswert!
- Ich bin talentiert!
- Ich bin kreativ!
- Ich habe wunderbare Ideen!
- Ich habe ganz besondere Fähigkeiten!
- Ich bin eine Schatztruhe voller Fähigkeiten und Talente!
- Ich schätze mich selbst und werde geschätzt!
- Ich bin voller Selbstvertrauen und ich bin mir meiner sicher!
- Ich bin stark!
- Ich bin mutig und ich zeige mich so, wie ich bin!
- Ich bin spontan!
- Ich schaffe alles, was ich mir vornehme!
- Ich bin wunderbar so, wie ich bin!

- Ich darf ganz und vollkommen ich selbst sein!
- Ich verdiene es, dass es mir gut geht!
- Ich erreiche alle meine Ziele mit Freude und Leichtigkeit!

Übung: Spiegeln Sie sich froh mit Ihrem Zaubersatz

Nun setzen Sie noch eins drauf. Begeben Sie sich hierzu an einen ruhigen Ort, nehmen Sie Ihre souveräne Körperhaltung ein und blicken Sie sich in einem Spiegel an (das kann auch ein kleiner Taschenspiegel sein).

Jetzt lächeln Sie sich freudig an, zwinkern Sie sich freundlich mit den Augen zu und sagen Sie zu sich selbst, laut und deutlich: »Ich freue mich auf meinen Auftritt!« (Bühnenauftritt, Vortrag, Seminar, Prüfung, Vorstellungs- oder Akquise-Gespräch, Honorarverhandlung, Blind Date oder …). Und dann sagen Sie sich weiter: »Ich genieße mein souveränes Auftreten!«

Das Schöne dabei ist: Ihr Spiegelbild lächelt Sie dabei ebenso freundlich an und unterstützt tatkräftig Ihr Selbstvertrauen. Zusammen mit Ihren positiven Affirmationen bekräftigen Sie dieses Gefühl noch zusätzlich.

Stellen Sie sich dann vor, dass Sie auf der Bühne und bei Ihren Zuschauern als geliebter Gast zu Besuch sind und dass die Bühne sowie auch das Publikum Ihre Freunde sind, und Sie sind natürlich ebenso der Freund ihrer Zuschauer. Sie gehen mit Freundlichkeit und Herzlichkeit auf sie zu und Sie werden ebenfalls mit einer herzlichen, wohlwollenden Gastfreundschaft empfangen. Denn: Sie und Ihr Publikum sind Freunde, und zusammen sind Sie ein gutes Team!

Übung: Schenken Sie sich Ihren persönlichen Glücksbringer

Gestatten Sie sich ruhig Ihren eigenen, ganz höchstpersönlichen Glücksbringer, den Sie in der Lampenfiebersituation anfassen und begreifen können. Er wirkt als guter Unterstützer Ihres Sicherheitsgefühls, ganz ohne Nebenwirkungen.

Vielleicht ist der Glücksbringer für Sie eine ganz bewusst ausgewählte Kleidung, die Ihnen schon in anderen Situationen Glück gebracht und Sie erfolgreich unterstützt hat. Oder es ist ein besonderes Schmuckstück, Ihre Clownnase, ein Schal, ein bestimmtes Stofftaschentuch, ein Schmusetuch, ein Edelstein oder ein Gegenstand aus der Natur wie eine Feder, ein Stein, ein Tannenzapfen oder noch etwas ganz anderes.

Wenn Sie dann Ihren Talisman berühren, gibt er Ihnen nicht nur das Gefühl der Geborgenheit, sondern Sie verstärken zusätzlich mit der Berührung ein weiteres positives Gefühl. Zum Beispiel können Sie sich mit dem Gefühl der Gelassenheit und Souveränität einer früheren frohen Situation verbinden, der Energie und Power einer anderen positiven Situation, dem Glücksgefühl und der Freude nach einer erfolgreich geglückten Aktion. Oder Sie stellen sich all die strahlenden Gesichter Ihrer Zuschauer, den tosenden Applaus und die »Bravo, bravissimo!«-Rufe vor, verknüpft mit dem Gefühl der Freundschaft, der Freude und des Erfolges. Wenn Sie dann dabei noch Ihren Talisman berühren, sich gleichzeitig Ihre positive Situation mit allen Sinnen vorstellen und Ihre Lieblingsaffirmation dazu denken und sprechen, so sind Sie noch weiter bestens gerüstet.

Klopfen Sie sich entspannt und stressfrei

Mit Hilfe einer einfachen Klopftechnik aus dem Bereich der Akupressur werden bestimmte Akupunkturpunkte stimuliert (EFT = Emotional Freedom Techniques/Technik der emotionalen Freiheit). Durch das Beklopfen dieser Punkte wird der Energiefluss in den entsprechenden Meridianen wieder balanciert und Stress bzw. eine negative Emotion löst sich auf, es kommt zur Entspannung.

Das Klopfen ist überall anwendbar, Sie können es geradezu heimlich und unbemerkt jederzeit und allerorts einsetzen, um Ihre Nervosität und Ihr Lampenfieber zu vermindern.

Übung: Bauen Sie über Ihre Ohren Stress und Nervosität ab

Durch ein abwechselndes sanftes und leichtes Klopfen auf Ihre Ohrmuscheln werden die rechte und die linke Gehirnhälfte stimuliert und miteinander verbunden. Dadurch wird Stress und Nervosität abgebaut und auch das Lampenfieber verringert.

Setzen Sie sich für diese Übung aufrecht auf einen Stuhl, Ihre Füße stehen parallel und fest auf dem Boden. Achten Sie bitte darauf, dass Sie weder Ihre Arme noch Ihre Beine überkreuz halten.

Mit der flachen rechten Hand klopfen Sie nun sanft, leicht und schnell mehrmals hintereinander (etwa zwölf Mal) auf Ihre rechte Ohrmuschel, dann mit der linken Hand auf Ihre linke Ohrmuschel. Bitte nicht zugleich auf beide Ohrmuscheln, sondern abwechselnd und im gleichmäßigen Takt. Die Pause zwischen den einzelnen Klopfern braucht nur kurz zu sein, nie länger als eine Sekunde.

Möglicherweise verspüren Sie schon nach kurzer Klopfzeit das Bedürfnis zum Schlucken oder zum tiefen Durchatmen – dies zeigt Ihnen deutlich, dass der Stress bereits dabei ist, sich von dannen zu schleichen.

Übung: Entspannen Sie über die Aktivierung Ihrer Thymusdrüse

Die Thymusdrüse liegt im oberen Drittel Ihres Brustbeins und unterstützt Ihr Immunsystem. In der traditionellen chinesischen Medizin gilt sie als Steuerungszentrale für einen guten Energiefluss in den Meridianen.

Bei einer Aktivierung der Thymusdrüse kommt es zur körperlichen Entspannung und zum Abbau von Stress, negative Energie kann abfließen und neue Energie wird erzeugt. Der Energiefluss in den Meridianen verbessert sich insgesamt und das Immunsystem wird gestärkt.

Ihre Thymusdrüse aktivieren Sie, indem Sie mit der flachen Hand sanft und leicht zwölf Mal auf den oberen Bereich Ihres Brustbeins klopfen. Möglicherweise verspüren Sie schon nach mehrmaligem Klopfen das Bedürfnis zum tiefen Durchatmen – dies ist ein deutliches Signal dafür, dass die körperliche Entspannung und der Stressabbau eingesetzt haben. Negative Energie fließt nun ab, neue Energie baut sich auf.

Atmen Sie sich entspannt und stimmen Sie sich ein

Da in Stresssituationen, so auch bei Lampenfieber, bekanntlich die Atmung gerne schnell und flach wird und somit auch die Stimme schwach und zittrig, sind alle Ihnen bekannten und auch in diesem Buch vorgestellten Atem- und Stimmübungen ein wunderbares Mittel zur Beruhigung, Kräftigung und Festigung Ihres Atems, Ihrer Stimme und Ihrer Körperhaltung. Gleichzeitig dienen alle Atem- und Stimmübungen auch der körperlichen Entspannung und der Entstressung.

Bekennen Sie sich selbstbewusst zu Ihrer Nervosität

Die meisten Menschen glauben, ein ungeliebtes Gefühl würde leichter verschwinden und von anderen unbemerkt bleiben, wenn sie es verschweigen und zu verbergen suchen. Doch genau das Gegenteil ist der Fall. Je mehr Sie es zu unterdrücken versuchen, umso intensiver wird es spürbar. Hier hilft nur eins: ein offensives Coming-out.

Bei Lampenfieber halte ich ein offenes Bekenntnis ebenfalls für sehr hilfreich, denn dann sind die Lacher auf meiner Seite, und indem ich es offen ausgesprochen habe, werde ich selbst sogleich ruhiger. Auch vor einem Auftritt oute ich mich vor Kollegen oder Freunden, nur besser nicht unmittelbar vor dem Start, denn das würde die Mitfiebernden noch mehr erregen. Erstaunlicher- und erfreulicherweise kommt als Feedback sehr häufig Anerkennung für diese Offenheit und ebenfalls ein Zugeständnis der eigenen Nervositäten. Es wird von den meisten Mitmenschen als souverän angesehen, zu den vermeintlichen Schwächen zu stehen. Also nur Mut!

Der große Tag Ihres Auftritts ist gekommen

Glückwunsch! Nun ist es so weit, der große Tag ist da. Sie sind gut darauf vorbereitet und haben Ihr Lampenfieber zum Freund gewonnen. Sowohl auf der rationalen als auch auf der emotionalen Ebene sind Sie bestens präpariert. Was können Sie also noch tun, um diesen großartigen Tag glücklich zu meistern?

Starten Sie freudig und bewusst in Ihren großen Tag

Natürlich haben Sie auch schon den Abend vorher ganz bewusst froh und erfreut beendet, indem Sie sich mental äußerst positiv auf den heutigen Tag vorbereitet haben. Und sicherlich haben Sie den Abend mit etwas Schönem abgeschlossen, bevor Sie zu Bett gingen, zum Beispiel mit einem Spaziergang, Ihrem Lieblingsmusikstück, einem wohltuenden Verwöhn-Entspannungsbad, dem Lächeln eines geliebten Menschen, Zeilen aus Ihrem Lieblingsbuch, Ihrer Lieblings-Zauberwort-Affirmation oder …

Beginnen Sie den Tag nun gut gelaunt. Schon beim ersten Öffnen Ihrer Augen kommt Ihnen der erste frohe Gedanke, zum Beispiel: »Wow, heute ist ein ganz besonderer Tag! Es ist mein ganz besonderer Tag! Es ist ein perfekter Tag! Es ist ein Tag voll wundervoller freudiger Wunder! Jawohl, genau! Glückwunsch!«

Nehmen Sie sich genügend Zeit für sich

Nehmen Sie sich genug Zeit für sich und, falls nötig, planen Sie auch einen ausreichenden zeitlichen Puffer für Ihre Anreise ein, um rechtzeitig am Ort des freudigen Ereignisses und großen Geschehens zu sein. So können Sie sich in aller Ruhe auf die großartige Situation einstimmen und vorbereiten. Auch für Ihre Lieblingsrituale und -affirmationen ist dann noch genügend Raum und Zeit. Übrigens gibt es immer und überall ungestörte und ruhige Plätzchen, zum Beispiel auch das stille Örtchen.

Auf jeden Fall sollte immer auch Zeit bleiben für eine kurze Probe und die Erkundung der Räumlichkeiten vor Ort. Das erspart Ihnen unliebsame Überraschungen und stärkt Ihre Sicherheit.

Falls nötig, so achten Sie darauf, dass Unterlagen ausreichend vorhanden und griffbereit sind. Falls Sie Medien benutzen möchten, so überprüfen Sie zuvor noch die technischen Gegebenheiten wie Mikrophon, Headset, Beamer, Musikanlage, Scheinwerfer etc. Falls Sie Ihre Stimme einsetzen bei Ihrem Auftritt, so testen Sie Ihren hauseigenen Klangapparat in den räumlichen Gegebenheiten noch einmal. Wird Ihre Stimme von allen und überall gehört? Sind Sie zu verstehen? Und kann Sie auch Ihr Publikum überall gut sehen? Können Sie sich gebührend in Szene setzen oder stellen?

Entscheiden Sie sich ganz bewusst für Ihren Erfolg

Jetzt ist es gleich so weit, Ihr Auftritt steht nun kurz bevor. Nutzen Sie noch einmal all Ihre erlernten Tricks.

Entscheiden Sie sich noch einmal ganz bewusst dafür, Ihr Lampenfieber als besondere Kraft- und Energiequelle für sich zu nutzen. Spüren Sie das wohlige Kribbeln und die frisch verliebten, bunten Schmetterlinge in Ihrem Bauch.

Gönnen Sie sich vor Ihrem Auftritt noch einmal ganz bewusst und praktisch all Ihre Rituale, Ihre Lieblings-Affirmationszaubersprüche, Ihre Atem- und Meditationsübungen.

Machen Sie sich noch einmal bewusst, dass Sie und Ihre Zuschauer Freunde sind und dass Sie zusammen ein gutes Team sind!

Stellen Sie sich Ihr strahlend lächelndes Publikum vor, wie es Ihnen zujubelt und begeistert applaudiert. Stellen Sie sich vor, wie Sie ganz souverän in Ihrer selbstbewussten Körperhaltung die Bühne betreten und in all die erwartungsfrohen Gesichter schauen. Spüren Sie die wohlwollende, freudige Stimmung!

Entscheiden Sie sich noch einmal ganz bewusst für Ihren Erfolg! Sie sind erfolgreich! Sie sind einzigartig!

Stellen Sie sich nun vor, wie Ihnen Ihr Auftritt ganz großartig gelungen ist. Spüren Sie die Freude, das Glück und den Stolz auf sich selbst und auf Ihr Team, die Zuschauer! Sehen, spüren und hören Sie sich souverän auf der Bühne stehen. Empfangen Sie den tosenden Applaus Ihres begeisterten Publikums! Nehmen Sie erleichtert, froh und glückserfüllt Ihren Beifall entgegen!

Jawohl, genau!

Glückwunsch! Sie sind an der Reihe und werden zum »Auftritt« aufgerufen und angesagt. Herrlich!

Bitte tun Sie sich den Gefallen und laufen Sie nicht sofort los, und stürzen Sie auch nicht direkt nach der Ankündigung Ihres Auftritts atemlos auf die »Bühne«, sondern atmen Sie zuvor erst noch einmal tief ein und aus.

Wenn Sie nun endlich auf der Bühne stehen, so zählen Sie innerlich »einundzwanzig, zweiundzwanzig, dreiundzwanzig«. Und erst dann beginnen Sie zu spielen (zu sprechen, zu agieren). So nehmen Sie sich Zeit, auf der Aktionsfläche anzukommen, und auch Ihr Publikum kann sich auf Sie einstellen.

Falls Sie während Ihres Spiels (Vortrags, Bewerbung, Rendezvous, Auftritts …) ausnahmsweise doch einmal stecken- oder hängenbleiben oder gar einen geistigen Aussetzer haben, so hilft es Ihnen auch hier, einmal tief ein- und wieder auszuatmen und dabei innerlich »einundzwanzig, zweiundzwanzig, dreiundzwanzig« zu zählen. Glauben Sie mir, kein Mensch bemerkt es, und wenn doch, so trägt Ihre gelassene Haltung nur dazu bei, dass Sie als souverän betrachtet werden und Sie sich großen Respekt damit einhandeln.

Und für den Fall, dass Sie Ihrem Publikum direkt in die Augen schauen möchten (beim Vortrag, Seminar oder anderen wichtigen Gesprächen und bei manchem Bühnenstück ist dies sehr sinnvoll), so konzentrieren Sie sich hierbei ganz besonders auf die Personen, die Sie wohlwollend und freundlich ansehen. Halten Sie einfach mit diesen Menschen Blickkontakt. So holen Sie sich Ihre positive Bestätigung! Über alle nicht gewogenen Blicke schauen Sie einfach hinweg!

Ich wünsche Ihnen viel Erfolg! Jawohl, genau!

Und nun »toi, toi toi« für Sie und dreimal über Ihre linke Schulter gespuckt!

Glückwunsch!

Abschließende Worte

Ja, und damit sind wir am Ende angekommen. Ich danke Ihnen von ganzem Herzen, dass ich Sie für ein kleines Stückchen Ihres Weges begleiten durfte, und ich hoffe, dass Ihnen das Zusammensein mit dem Gegenteiler gefallen hat und Sie es für sich weiterhin nutzen und praktisch umsetzen können.

Ich wünsche Ihnen nun sehr viel Freude, Leichtigkeit, Lebendigkeit und Vergnügen in Ihrem Leben sowie auch bei all Ihren Auftritten, all Ihren Erfolgen und wertvollen Erfahrungen! Und damit möchte ich Ihnen zum Abschluss noch einmal sagen: Herzlichen Glückwunsch zu all Ihren Talenten und Fähigkeiten! Herzlichen Glückwunsch zu Ihrem Da-Sein, zu der einzigartigen Persönlichkeit, die Sie sind! Jawohl, genau!

Ihre Petra Klapps

Wegweiser zu den Übungen

Einfach mal den Kopf ausschalten 16
Erproben Sie das große »Ja« zu sich selbst 18
Zeigen Sie sich der Welt 19
Beglückwünschen Sie sich zu sich selbst und all Ihren Erfolgen 21
Schalten Sie Ihre Sinne ein und aus 25
Erforschen Sie die Wunder Ihrer Welt mit allen Sinnen 26
Erleben Sie die Leichtigkeit des Seins mit Farbe und Ballon 30
Entdecken Sie Ihre innere Schönheit 32
Stärken Sie sich mit Ihrer Quelle der Kraft 39
Erinnern und sammeln Sie Ihre ganz besonderen Augenblicke 41
Entdecken Sie Ihre Fähigkeiten und Talente 47
So eignen Sie sich neue Fähigkeiten an 48
Fühlen Sie sich und Ihre Fähigkeiten wachsen 50
Entdecken Sie Ihre innere Humor-Schatztruhe 56
Pflegen Sie Ihr Positiv-Tagebuch 57
Schärfen Sie Ihren Blick für Situationskomik 57
Amüsieren Sie sich über Ihre eigenen Schattenseiten 59
Legen Sie sich einen Ideen-Pool zu 68
Bringen Sie Ihren Körper in Fluss 69
Entdecken Sie Ihre spielerische Seite 70
Assoziieren Sie mit der Alphabet-Kette 72

Stellen Sie sich grandiose Ereignisse vor 73
Wenn sie gerne weiterspielen möchten: Erproben Sie sich im Clownspiel und Improvisationstheater 73
Bleiben Sie im Hier und Jetzt mit der Zeitraffer-Übung 79
Erkennen Sie Wandelpunkte auf Ihrem Weg 83
Stellen Sie sich vor, es geschähe ein Wunder 84
Erschaffen Sie sich ein Gegenteiler-Unterstützer-Team 86
Seien Sie Ihr persönlicher Gegenteiler-Coach 87
Riechen Sie sich entspannt 92
Rekeln Sie sich ausgiebig warm 93
Erspüren Sie Ihren Wohlfühl-Atemraum 95
Atmen Sie fröhlich 97
Trainieren Sie Ihre Lippenbremse 97
Atmen Sie lachend 97
Spucken Sie imaginäre Kirschkerne 97
Bellen Sie Ihr Zwerchfell stark 98
Der Atem bewegt Ihren Körper und bringt Sie in Balance 100
Wie der Atem Ihre innere Einstellung verändert und umgekehrt 101
Lassen Sie Ihr Da-Sein erklingen 103
Entspannen Sie Ihren Kehlkopf mit Ihrem persönlichen Stimm-Ton 105
Lassen Sie Monika hochleben 106
Erden Sie sich mit dem Bauch-Ton »Hole« 107
Kommen Sie zur Ruhe mit dem Brust-Ton »Violien« 108
Entdecken Sie die Diva in sich mit dem Kopf-Ton »Vyoline« 108
Massieren Sie Ihren Kopf von innen 110
Gönnen Sie sich ein wenig bewegte Lockerheit 111
Schöpfen Sie Kraft und Energie 112
Lernen Sie verschiedene Persönlichkeitstypen kennen 119
Reagieren Sie mit Ihrer Mimik, Gestik und Haltung 120

Machen Sie sich spielerisch Ihre innere und äußere Haltung bewusst 123
Die vier Elemente in Haltung und Körperschwerpunkt 124
Spielen Sie mit Kontakt, Ausdruck und Bewegung 127
Hau ab! – Friede sei mit dir! 130
Wie Sie Ideen töten und zum Leben erwecken 131
»Killerphrasen« und wie Sie darauf geschickt kontern 135
Entdecken Sie Ihre Welt mit neuen Augen 141
Beginnen Sie Ihren Tag mit einem Achtsamkeitsritual 143
Entdecken Sie staunend die Wunder Ihres schönen Gesichts 144
Laden Sie Ihre eigenen Visionen in Ihr Leben ein 150
Lassen Sie Ihren Träumer, Ihren Denker und Ihren Aktivisten hochleben 154
Feiern Sie sich und Ihre Erfolge mit einem Tänzchen 159
Nutzen Sie die Kraft Ihrer positiven Überzeugungen 162
Spiegeln Sie sich froh mit Ihrem Zaubersatz 164
Schenken Sie sich Ihren persönlichen Glücksbringer 165
Bauen Sie über Ihre Ohren Stress und Nervosität ab 166
Entspannen Sie über die Aktivierung Ihrer Thymusdrüse 167